CONTEMPORARY RUSSIAN POETRY

EDITED BY

EVEENY BUNIMOVICH

AND

J. KATES

CONTEMPORARY RUSSIAN POETRY AN ANTHOLOGY

DALKEY ARCHIVE PRESS

Library of Congress Cataloging-in-Publication Data

Contemporary Russian poetry : an anthology / Evgeny Bunimovich, editor
; J. Kates, translation editor. -- 1st ed.
p. cm.
English and Russian.
ISBN-13: 978-1-56478-487-2 (hardcover : alk. paper)
ISBN-10: 1-56478-487-8 (hardcover : alk. paper)
ISBN-13: 978-1-56478-486-5 (pbk. : alk. paper)
ISBN-10: 1-56478-486-X (pbk. : alk. paper)
1. Russian poetry--20th century--Translations into English. 2.
Russian poetry--20th century. I. Bunimovich, Evgenii. II. Kates, J.
PG3237.E5C554 2007
891.71'508--dc22
2007026694

The publication of *Contemporary Russian Poetry: An Anthology* was made possible by support
from the National Endowment for the Arts, a federal agency, by a grant from the Illinois Arts
Council, a state agency, and by the University of Illinois, Urbana-Champaign.

Permission for the use of the poems has been granted by the copyright holders.
"Light rain falls as quietly" and "Secret mechanisms show through" from
Say Thank You: Poems by Mikhail Aizenberg, translated by J. Kates. Copyright © 2007
by J. Kates. Reprinted by permission of Zephyr Press.
Mikhail Aizenberg's "Once level" and Marianna Geide's "like a schoolboy"
both appeared in *Agni 65*.

WWW.DALKEYARCHIVE.COM
Printed on permanent/durable acid-free, recycled paper and bound
in the United States of America

INTRODUCTION IX

TRANSLATION EDITOR'S NOTE XVI

Errata

This errata page lists errors outstanding in the first printing of this book.

P. 13, line 20: "Finds in Heaven, approval" should read "Find, in Heaven, approval."

P. 39, line 6: "gnaws at at the base of the cross" should read "gnaws at the base of the cross."

P. 255, line 20: "The palm of the hand aproaches a sleepy mouth" should read "The palm of the hand approaches a sleepy mouth."

P. 415, line 6: "I mean, the pig-sty . . . , the manger . . . See, I even lose" should read "I mean, the pig-sty . . . the manger . . . See, I even lose."

P. 475, line 9: "Aleksandre Pushkin" should read "Aleksandr Pushkin."

P. 488, line 8, "*Sorks by Nina Iskrenko . . .*" should read "*Works by Nina Iskrenko . . .*"

ELENA FANAILOVA 234 / 235

YULI GUGOLEV 244 / 245

VERA PAVLOVA 256 / 257

GENNADY KANEVSKY 274 / 275

DMITRY POLISHCHUK 284 / 285

DMITRY BYKOV 294 / 295

DMITRY VODENNIKOV 302 / 303

IVAN VOLKOV 312 / 313

ALEKSEY DENISOV 320 / 321

MAKSIM AMELIN 330 / 331

ANDREY RODIONOV 342 / 343

GLEB SHULPYAKOV 350 / 351

STANISLAV LVOVSKY 362 / 363

MARIA STEPANOVA 372 / 373

SANDZHAR YANYSHEV 382 / 383

DMITRY TONKONOGOV 394 / 395

INGA KUZNETSOVA 406 / 407

POLINA BARSKOVA 414 / 415

DANILA DAVYDOV 424 / 425

ANYA LOGVINOVA 432 / 433

MARIANNA GEIDE 442 / 443

SVETLANA BODRUNOVA 450 / 451

ANNA RUSS 462 / 463

END NOTES 473

AFTERWORD 475

AUTHORS 479

TRANSLATORS 487

The parallel publication of two bilingual anthologies of contemporary Russian poetry in the United States by Dalkey Archive Press and contemporary American poetry in Russia by OGI Press is truly a unique literary undertaking. Forty-four poets from Russia, born in the second half of the twentieth century, and the same number of poets from the United States represent the multidimensional spaces of contemporary poetry in the two countries. The anthology of contemporary Russian poetry charts not only a specific moment in time but also the extensive poetic geography of Russia where you may find names from Moscow, St. Petersburg, and also from small towns, Siberia, Volga, the Urals, and the Russian Far East.

Russian poetry, as a whole, doesn't need any introductions. We are all familiar with the Golden Age of Pushkin's poetry, the illustrious turn of the twentieth century, and the Silver Age with its astounding number of geniuses — Mandelstam, Pasternak, Akhmatova, Tsvetaeva, Mayakovsky, Khlebnikov.... The stories are still very much alive about the post-Stalin era stadiums that would fill with crowds of people who had come to hear the poets recite. But today, after the immaterial yet rather apparent iron curtain has been dismantled, along with the Berlin Wall, when it seems all barriers and obstacles have finally disappeared, contemporary Russian poetry in many ways remains unknown to Russian and, more than ever, English readers.

In the meantime, the post-Soviet age has marked the emergence and succession of not just one but two significant poetic currents. The birth of the first current was during the death-throws of communism, which at some point clearly divided Russian literature into two movements that would never intersect with each other — the official movement that zealously said "yes" to the ideological domination suppressing the society, and the dissident movement that said "no" with equal zeal. "Other poets," "parallel culture," "citizens of the night" — these are only but a few names given to the generation of poets of the 1980s who went far beyond the boundaries of those binary oppositions (official and dissident), moving into different dimensions, different levels of freedom. Formed mainly in the underground, having practically no possibilities to publish their poetry in a Soviet reality, the "other poets" who put forth internal, simultaneously personal and universal questions, emerged before the reader only at the outset of *perestroika* as a mature group, becoming the first poetic movement of the new Russia. In the process, it turned out that the notorious "parallelism" of this new movement adequately manifested itself not in Euclidean terms but in Lobachevsky's, whose theory allows for not just one but innumerable parallel lines intersecting one point. This explains the rapid emergence of different movements and schools within the new poetic generation and the inevitability of their eventual scattering, which is so evident today.

The most popular among the movements of the 1980s were Metarealism, Conceptualism, and Polystylistics. Reacting to the exhaustion of the imaginary, and the flatness and homogeneity of the Soviet poetic movement, the Metarealists delved into another reality where each word meant more than it had before its inclusion into the poetic line; where there were no borders between reality and dream, today and tomorrow; where macro and micro worlds, various epochs and cultures were easily linked. One of the prominent scholars of Metarealist poetry, Mikhail Epstein, wrote: "The new poets are catching the impulses of the slippery nature of meaning simultaneously passing through every epoch.... They all have experienced not only the negative impact of historical standstill but also the positive awareness of the super-historical foundations that emerged on the shoals of the past decades." Some of the poets who have been directly associated with the Metarealist movement are Ivan Zhdanov, Olga Sedakova, Aleksey Parshchikov, Elena Shvarts, Aleksandr Eremenko, and Mark Shatunovsky.

Yet it was the Conceptualists who captured the attention of readers with their aesthetics of the absurd, intellectual and moral provocations, uses of platitudes and clichés in their full articulation, and the exposure of myths of the contemporary world and Soviet society. For the Conceptualists the context is often more meaningful than the text itself; the word, seemingly, doesn't mean a thing. It is the same task of freeing the word that the Metarealists undertook, but the Conceptualists get there from an opposite direction. Some of the early Conceptualists, such as Vsevolod Nekrasov, D. A. Prigov, and Lev Rubinstein, were outside the chronological parameters of this anthology, but we have included Igor Irteniev, Timur Kibirov, and other poets who have been influenced by the Conceptualist movement.

It is difficult to describe the elusive essence of Polystylistics — its aesthetics resist description. As author of the manifesto "Hymn to Polystylistics," Nina Iskrenko (1951-1995) wrote: "Polystylistics / is when one part of a dress / made of Dutch linen / is combined with two parts / of plastic and glue / and the other parts are missing altogether." In their experiment to build a new harmony from multifarious objects, from chaos and confusion, it is easy to discern a connection between the Polystylists and the Metarealists and Conceptualists. But whereas a Metarealist poem might be compared to the movement of a spiral, compressing and condensing space and time into the text, a Polystylistic poem moves in a spiral only to unwind, grasping new nuances of meaning at every curve. Many Russian poets of different generations, including Yuri Arabov, Vitaly Kalpidi, and Yuli Gugolev, have in some way or another contributed to Polystylistics.

Of course, the poetry of the first post-Soviet age doesn't end here. The anthology also includes poets from the growing neoclassical movement that embodies the traditional perception of Russian poetry as the lyrical-philosophical achievement of God, the world, and oneself. These poets — Yuri Kublanovsky and Svetlana Kekova of *The Moscow Times* — are the direct successors of Sergey Gandlevsky, Bakhyt Kenjeev, and Alexei Tsvetkov from the Silver Age. The volume also contains poets who don't belong to any school or group, such as Mikhail Aizenberg, Olesya Nikolaeva, and Vladimir Salimon. However, they too carry the "native marks" of their generation — the devices of Polystylistics and the condensation of Metarealism, the absurdist moves and games with clichés from popular culture. Let's note that these various writers, in their ethical and aesthetical quests, have not sought to significantly revise the classical prosody of the Russian poem. Both the avant-garde and neoclassical poets, in their own way, have stayed true to the traditional Russian rhythm and rhyme; while they have become more tolerant of *vers libre*, they have still retained their difference.

The turn of the twenty-first century marked the debut of a new post-Soviet poetic current that was formed not in the atmosphere of prohibitions and standstill but in the rapid social cataclysms and the constantly changing cultural context of the *perestroika* years. Perhaps for the very first time in Soviet and probably Russian history, poetry appeared free from any kind of censorship and stylistic constraint, which brought about the departure from the magnetic field of forbidden themes. The new generation of poets started to search for their own place and their own readers. The new communication lines and information technologies that are now available; the equal opportunity and availability of texts from different times, languages, ethical and aesthetical directions; and the possibility to publish instantaneously and freely on sites that are overflowing with poems on the Russian Internet have created an absolutely new milieu for Russian poetry.

The brand-new voices of Russian poetry search among the most different poetic languages and practices for a true lyrical expression, even after the Conceptualists had convincingly proven that this was, in fact, impossible. Maksim Amelin refers directly to eighteenth-century poems, Dmitry Vodennikov complicates the structure of his texts by incorporating prose and dramaturgy. In such strikingly different poets as Dmitry Bykov and Maria Stepanova, the so-called "plot" poems and ballads become revived and innovated after having been thought exhausted and forgotten. The "crude" social poetry by Elena Fanailova and Andrey Rodionov equally disturb the ear. As never before, the diverse voices of women resonate distinctly and clearly — among them Vera Pavlova's intimate lyrical diary that is simultaneously timid and bold. Truly interesting, yet not fully formed, are the voices of the youngest poets of this generation, such as Danila Davydov, Marianna Geide, and Anna Russ.

The Babylonian mixing of poetic languages and styles in new Russian poetry (one group of young poets is called "Babylon") resists distinct classification. People simultaneously speak of Postconceptualism, New Realism, New Sentimentalism, Confessionalism, and New Social movements. Traditional poetry in its forms and rhymes practically coexists with *vers libre*, along with all kinds of conceivable and inconceivable transitional forms. In Mikhail Aizenberg's words, the new Russian poetic milieu "attempts to create and sustain variety instead of replication of homogeneity."

The year of publication of these two anthologies marks two hundred years of diplomatic relations between the United States and Russia. The mutual interest, influence, connections, and contacts between Russian and American writers and poets that was built upon reciprocal trust, understanding, and inspiration goes much further back than that age-old date. It would suffice to say that at different times the names of Hemingway or Faulkner have become symbolic and influential not only to Russian writers but also to the Russian intelligentsia. The poetry of Walt Whitman opened up the possibilities of free verse to the Russian reader and laid the foundation for free verse poetry in Russian literature, while the rarely appearing anthologies, thin booklets, and selections of poems in literary magazines exposed the reader to the worlds of modern American poets. These publications, which, thanks to the commitment of compilers and translators, had passed a thwarting Soviet censorship, presented a world of great names such as Robert Frost, Ezra Pound, T. S. Eliot, E. E. Cummings, and others. It is not a coincidence that I came across a frank confession on the Russian Internet recently about how an anthology of American poetry "was perhaps the only book that I shamelessly stole from the library." It was Joseph Brodsky, of course, who in his own right became the connecting link between Russian and American poetry, and who in his Nobel Lecture equated Frost and Auden to such poets as

Tsvetaeva, Akhmatova, and Mandelstam. The last few decades have been characterized by a loss of systemic contact between the Russian and American worlds of poetry, and yet there has been an obvious broadening of individual relationships. Among poets from the first post-Soviet movement one can find traces of relationship and influence with American poets from the Language School. The younger generation of Russian poets has shown more interest in various American schools ranging from the Beat movement to New Formalism.

The two anthologies are coming out in Russia and the United States at a unique time of great intimacy between our poetic languages. Perhaps for the first time in Russian history, *vers libre* is not exoticized as something imported from a foreign culture or signaling an experiment but instead has gained equal respect and rights alongside classical poetry, just as contemporary American poetry, along with free verse, is again using traditional form and rhyme. This closeness allows readers (most likely for the first time) to perceive contemporary Russian poetry in the United States, as well as contemporary American poetry in Russia, in much more authentic and current contexts.

The collaborative work on these unique anthologies — that remarkably complete one another — required a great deal of energy, time, excitement, and judgment from hundreds of poets, translators, experts, editors, and curators working across geographical, linguistic, and cultural borders. This work is the result of their shared visions and joint efforts. But most importantly, this project owes much to its initiator and our partner Dana Gioia, a remarkable poet and shrewd essayist, who also happens to be the Chairman of the National Endowment for the Arts.

I would like to thank James Kates, translation editor of this volume, for the difficult yet exciting collaboration; Martin Riker, assistant director of Dalkey Archive Press, for his untiring assistance in the preparation and design of this book; April Lindner, editor of the twin anthology *Contemporary American Poetry* that was published in Russia; Dmitri Dmitriev, my colleague, who took upon himself the difficult task of selecting texts and corresponding with poets; Nadezhda Vishnyakova, director of the Foundation for Creative Projects, for taking on the organizational responsibilities of this project; and finally, Pennie Ojeda and Patrick Henry for their unmitigated support. I would also like to express my deep gratitude to Yekaterina Genieva, Director of the State Library of Foreign Literature, whose vigorous energy laid the foundation for this project.

Evgeny Bunimovich, 2007

For the past four decades, Russian and American poets have woven an increasingly complex web of connections. The translators featured in *Contemporary Russian Poetry* represent all stages of this ongoing adventure. The modern fabric began perhaps with the visit of Robert Frost to the Soviet Union in 1962, accompanied by a young poet and translator, who is one of the contributors to this book, F. D. Reeve. It continued with the collaboration of well known American and British poets in the translation of Yevtushenko, Voznesensky, and Brodsky. Reeve and Daniel Weissbort were among their number, and Weissbort has been indefatigable ever since in keeping up connections. From the beginnings of perestroika in the 1980s, Americans traveled to Russia with a sometimes naïve wonder as the fog of the Cold War lifted, while Russian poets began traveling and immigrating here as well as to Europe and Israel. John High and Patrick Henry were pioneers in exploring the newly surfacing avant garde. I was lucky enough to catch the wave and to get to know superficially a culture even as it was coming to know itself profoundly. More recently, writing programs on both sides of the world have widened exchanges and deepened understanding. Mark Halperin, Christopher Mattison, and Philip Metres are part of that movement. In different senses, several of the poets and translators in this collection have practically grown up together.

Some drew their inspiration from less personal contacts but no less personal passion. Judith Hemschemeyer originally learned Russian to master the entire œuvre of Anna Akhmatova. Scholars like Sibelan Forrester, Catherine Ciepiela, and Stephanie Sandler have turned their close readings into literary bridges by translating the poets they admire.

Mr. Bunimovich honors me by calling me his collaborator. Actually, my role has been independent of and subsequent to his in this project. But the collaboration is true in the sense of Robert Frost's parable of the raker who comes after the mower in "The Tuft of Flowers": "'Men work together,' I told him from the heart, / 'Whether they work together or apart.'"

Working as the translation editor of *Contemporary Russian Poetry* has introduced me to a new generation of poets even as it has instigated a fresh look back at those poets of my own age — the oldest generation represented in this book. Along the way, it has also enabled me to get to know a new generation of translators, some of whom are themselves immigrants and children of the immigration, and who come to the English language from the Russian instead of the other way around. Janus-faced, as an editor I have had to stand in the door and look both ways at once.

Every collection of translations by different hands is an anthology of translation itself as well as of poems. I have sought out poets and scholars nearly as diverse as the poets they serve, old hands and newcomers alike. Different translators take different approaches. One of our translators hears echoes of hip-hop discourse in Russian. Another insists on rendering literally what I read as an idiom, because of the metaphor implicit in the original language. I have not always agreed with them, and a few of their texts have ping-ponged back and forth by e-mail more times than I can count before making it into the book. But, in the long run, I have ceded to the translators all cases that passed beyond an obvious misreading — something every one of us gets caught in from time to time — and where the translator pushed back hard enough against me.

With every new version of contemporary Russian poetry the translator has to wrestle again with the disparity of the use of rhyme and formal meter in the different cultures. In English-language verse, "formalism" is a rallying cry for a movement. In Russian, it is nothing of the kind; innovation and experimentation in poetry do not automatically challenge traditional forms. Rhyme and regular metrics remain an established convention from which *vers libre* becomes a more and more popular deviation, yet still waving its own flamboyant banner.

To render all of these poets in an exact formal equivalent would seem to ally them with an English-language movement they do not necessarily adhere to. And yet there are those who insist that the essence (Joseph Brodsky metaphorically called it the virility) of a poem is in its form. Arguments can be made — indeed I have made them — against this position. But it needs to be recognized also that liberty is not license. A translation should at least shadow, even where it cannot reflect, its original. It may not be a full portrait, but it can be at least an artful silhouette. Something recognizable. Fortunately, because this collection is bilingual, a reader who cannot read the cyrillic letters of the left-hand page will get some idea of the shape of the original. The bilingual format therefore liberates the translator. When one of the poets translated in this anthology has written "Please feel liberal with rhymes and rhythms — I believe these are not very important in English translations, especially with the meaning-based poetry like [mine]" a translator works accordingly.

Titling poems is less common in Russian than in English. Here, we've followed a standard convention of introducing untitled poems with the first line in brackets. Where appropriate, Russian cultural particularities have been translated into those familiar in the United States. But, obviously, there are allusions and references that have no equivalent, or are necessary in and of themselves to the poem. These we have tried to explain in notes at the end of the book.

J. Kates, 2007

ЮРИЙ КУБЛАНОВСКИЙ

[Я ДАВНО ГОЩУ НЕ ВДАЛИ, А ДОМА]

Я давно гощу не вдали, а дома,
словно жду у блёсткой воды парома.

И несут, с зимовий вернувшись, птицы
про границы родины небылицы.

Расторопно выхватить смысл из строчки
потрудней бывает, чем сельдь из бочки:

в каждом слоге солоно, грозно, кисло,
и за всем этим — самостоянье смысла.

Но давно изъятый из обращения,
тем не менее я ищу общения.

Перекатная пусть подскажет голь мне,
чем кормить лебедей в Стокгольме.

А уж мы поделимся без утаек,
чем в Венеции — сизарей и чаек;

что теперь к отечеству — тест на вшивость —
побеждает: ревность или брезгливость.

[FOR A LONG TIME I'VE BEEN A GUEST AT HOME]

For a long time I've been a guest at home, not in foreign parts,
as if I'm waiting for a ferryboat beside the sparkling water.

And the birds, back from winter migration,
bring cock-and-bull stories about the motherland.

To seize the meaning of a line just happens to be harder
than extracting herring from a barrel.

Every syllable somehow salty, sour, dreadful,
yet beyond all this — there's a self-assertion of sense.

And I, so long kept out of circulation,
find myself looking for connections.

Let the down-and-outers, the vagrants
tell me what swans in Stockholm feed on.

And we will share, we won't conceal,
the diet of Venice's doves and gulls.

And the current attitude toward the fatherland —
a test for lice — the choice? jealousy or disgust.

Ночью звезды в фокусе, то бишь в силе,
пусть расскажут про бытие в могиле,

а когда не в фокусе, как помажут
по губам сиянием — пусть расскажут.

… Пусть крутой с настигшею пулей в брюхе
отойдет не с мыслью о потаскухе,

а припомнит сбитого им когда-то
моего кота — и дыхнет сипато.

When the stars in the sky are in force, in focus,
let them discuss being in the grave,

and when they are unfocused, as if they brushed
the lips with radiance, let them chat about that.

And may that cool guy with a bullet in his belly
not die thinking of a whore

but, remembering the time he ran down my cat,
breathe a hoarse sigh.

Доныне не умер,
но где-то на линии есть
блуждающий зуммер,
твою добывающий весть.

Постой … не узнаю … простужена?
Кичиться техники успехами
не стоит, ежели нарушена
такими тишина помехами.
Как будто говоришь из Скифии,
а заодно с тобой на линии
мегеры, фурии и пифии,
сирены, гарпии, эринии,
озвученные не Овидием,
а кем-то из другого ряда.
Да, я горжусь своим развитием,
хоть, слышу, ты ему не рада.
Звонок блокадника из города,
который много лет в осаде:
сплав послушания и гонора,
наката с просьбой о пощаде.
Про баснословную коллизию

So far I haven't died,

but somewhere on the line

there is a wandering buzz

extracting your news.

Have you got a cold? … I don't recognize … wait a sec …

It's not worthwhile to brag about

technical success if the silence

is broken by such static.

It sounds as if you're calling from Scythia

and on the line with you are Megaera

and the other Furies, Harpies, Sirens,

the Erinyes and the Pythia,

all wired for sound not by Ovid, but by

someone from another order.

Yes, I'm proud of being educated,

though it displeases you, I've heard.

Phone call from someone

from the city besieged for years:

it's an alloy of submission and arrogance

with a pushy plea for clemency.

I could listen to the clash of fables

я слушал бы, не смея пикнуть,
но в виртуальный твой Элизиум,
как хочешь, не могу проникнуть.

Нет, нет, на рычажок из никеля
не нажимай, срывая ярость
на аховом комфорте флигеля,
где ты когда-то обреталась.
Забыть про свистопляску с ценами
и расквартировать бы снова
наш маленький отряд под стенами
Борисоглебска ли, Ростова …
И скоро снега торопливые
завалят басменные хлопья
округу, астры незлобивые
и полустёртые надгробья
в их сочетании таинственном.

Дозволь, смирясь с моим решеньем,
мне сделаться твоим единственным —
на расстояньи — утешеньем.
Затихни, как перед разлукою
после отказа от гражданства.
А я возьму и убаюкаю
пучину чёрную пространства.

and remain dumb; try as I might I cannot
penetrate your virtual Elysium.

No, no, don't press the nickel-plated lever
to vent your anger
in the decrepit comfort of the outbuilding
that became your dwelling.
To forget about the price pandemonium
and once again to billet our little vanguard
under the walls of Borisoglebsk, or Rostov ...
And soon the swift snow will cover the region
with silver-foil flakes, and the forgiving asters,
and the half-effaced headstones
with their mysterious configurations.

Submitting to my decision, allow me
to become your only —
from a distance — consolation.
Let's be still, like before the separation,
after the refusal of citizenship.
And I will take it upon myself to lull
the black abyss of space.

Когда слышишь скребущую наст лопату,
не может не вызывать уважения
даже слабое сопротивление дворника снегопаду,
голубиная кротость его служения.
И поди особое отношение
к снежным дюнам, впадинам и барашкам.
Скоро тут угрюмое население
заспешит к железкам своим, бумажкам.

Вот и я, водицей согнав дремоту,
на холодном тёмном ещё рассвете
принимаюсь за малооплачиваемую работу,
уподобясь дворнику дяде Пете.
И судьба моя станет однажды книжкой,
потрёпанной вследствие бурь жестоких,
с небольшой фонетическою одышкой,
соглашусь заранее — *для немногих.*

When you hear a shovel scratching the icy crust,
it's impossible not to feel respect
for even a janitor's feeble resistance to the snow,
for the dove-like meekness of his service.
And, I dare say, his particular way of handling
the drifts, the hollows, the little crests.
And soon the sullen populace
will hurry off to its scraps of iron, scraps of paper.

And here am I, in the cold, still-dark dawn,
using water to drive away the sleep
and sitting down to my underpaid work,
comparing myself to the janitor, Uncle Pete.
My destiny will one day become a book,
tattered by the storms' ferocity,
and with a slight phonetic gasp of breath I'll agree
in advance — *just for the few.*

Translated by Galina Detinko and Judith Hemschemeyer

[СТИХИ МОИ, ПРОСТЫЕ С ВИДУ]

Стихи мои, простые с виду,
Просты на первый только взгляд
И не любому индивиду
Они о многом говорят.

Вот вы, к примеру бы, смогли бы
В один-единственный присест
Постичь их тайные изгибы
И чудом дышащий подтекст?

Да я и сам порой, не скрою,
Вдруг ощущаю перегрев
Всей мозговой своей корою,
Пред их загадкой замерев.

В них разом густо, разом пусто,
А иногда вообще никак,
Но всякий раз из них искусство
Свой подает товарный знак.

Идет в моем культурном слое
Неуправляемый процесс,
Формально связанный с землею,
Но одобряемый с небес.

[MY POEMS LOOK SIMPLE ENOUGH]

My poems look simple enough,
Easy to grasp at first reading.
They don't show much of their stuff
To anyone just at one sitting.

You, for example, could you
After a single glance
By a miracle see right through
Their subtext and nuance?

At times even I come a cropper,
I confess, my brain overheats,
Trying to riddle out proper
What makes sense on these sheets.

Whatever they are, dense or dumb,
And maybe both at one time,
At least they are — art, and show some
Semblance of rhythm and rhyme.

I know that the words I put forth
On my own cultural level
Although formally rooted on earth,
Finds in Heaven, approval.

Мужчина к женщине приходит,
Снимает шляпу и пальто,
И между ними происходит,
Я извиняюсь, черт-те что!

Их суетливые движенья,
Их крики дикие во мгле,
Не ради рода продолженья,
Но ради жизни на земле.

И получив чего хотели,
Они, уставясь в потолок,
Лежат счастливые в постели
И пальцами шевелят ног.

A man goes to visit a woman,
He leaves his coat by the door,
And what they do next is, ahem, in
Private — must I say more?

Their self-gratifying exertions,
The whoopie under their roof
Are not for creating new versions
But simply to celebrate life.

And once having had what they wanted,
Exhausted themselves in their throes.
They lie on the bedsprings, winded,
And only wiggle their toes.

Мой друг, побудь со мной вдвоем,
Вдвоем со мной наедине,
Чтоб каждый думал о своем —
Я — о себе, ты — обо мне.

Пусть в окружающей тиши,
Располагающей ко сну,
Две одинокие души
Сплетутся в общую одну.

Чтоб узел их связал двойной
В одно единое звено,
Мой друг, побудь вдвоем со мной
И я с тобою, заодно.

Мой друг, ты мне необходим,
Не уходи, со мной побудь,
Еще немного посидим
Вдвоем с тобой на чем-нибудь.

Friend, just between the both of us
Tea for two and two for tea,
Each of us thinking separate thoughts —
Me of myself, and you of me.

And may two solitary souls
Lulled by soporific dreaming,
In the quiet that enfolds us
Intertwine as one in common.

In order, oh my friend, that we
May knit ourselves and doubly link
Our souls, be with me two for tea
And tea for two, of course, in sync.

Friend, I need you, two for tea,
And tea for two, we'll be together.
Let's linger for a little longer
The two of us, somewhere or other.

Не любил богатых всю жизнь до дрожи,
С детства сытые мне их противны рожи,
И откуда свалилось на них богатство,
В результате какого такого гадства?

Жил один такой тут у нас в подъезде,
На шикарной тачке, собака, ездил,
Не сказать, чтоб сильно его любили,
Слава Богу, во вторник его убили.

Если честно сказать, мне не жалко гада,
Потому что, блядь, воровать не надо,
А воруешь если, то будь скромнее
И султана не корчь из себя Брунея.

Но не буду втирать тут своим ребятам,
Будто сам не хотел бы я стать богатым,
И хотя с деньгами полная лажа
Я богатым хочу быть и очень даже.

А зачем, ты спросишь, нужны мне бабки?
Чтобы в кроличьей той не ходить мне шапке,
Чтобы бабе шубу купить из норки,
Чтоб у дочки хата была в Нью-Йорке.

My whole life long, I've never liked the wealthy.
Their fat, ugly faces bursting with health,
And where do their riches come from? All that wealth
Is bound to be the result of something filthy.

We had a guy like that lived in our building,
Rode the fanciest wheels you ever saw,
That bastard, not to say that anyone loved him,
They whacked him on a Tuesday, wouldn't you know.

To tell the truth, I never felt for the git,
He didn't need to rob, had plenty laid by —
But be discreet, if you're going to do it,
Don't strut your stuff like the Sultan of Brunei.

Well, kids, I don't mean to sound high and mighty,
As if I'd turn my back on a million or more.
Though money is shit, I wouldn't mind being shitty.
If I could be rich, I wouldn't choose to be poor.

What would I spend it on? What do you think?
Get a new hat, instead of this mangy rabbit.
Buy my woman a proper coat — a mink,
And my daughter a New York flat she could inhabit.

Чтобы с новою телкою каждый вечер,
Чтоб соседи кланялись мне при встрече,
Чтоб в таком же ездить автомобиле,
Чтоб в такой же вторник меня убили.

Get some respect from my neighbors when we meet,
A new babe every night — I could be choosy.
Buy me a fancy car to cruise the street,
And, of course, get myself whacked on Tuesday.

Translated by J. Kates

АЛЕКСЕЙ ЦВЕТКОВ

[СТРАННИК У СТРЕЛКИ РУЧЬЯ]

странник у стрелки ручья опершись на посох
ива над ним ветвится в весенних осах
летучие лица тучу сдувают в угол
на горизонте латают лазурный купол
вьюн виноградный часовня и поле льна
средневековье времени полдень дня

дробная россыпь черных грачей в ландшафте
или людей впереди один на лошадке
это к нему с виноградного склона слева
скачет ручная серна и машет дева
лен полыхнет синевой озаряя твердь
посох коса и страннику имя смерть

над капюшоном ива струится пышно
люди поют в унисон но сюда не слышно
гибкая дева-ива и серна в лозах
лики длинного ветра в безруких позах
музыка ос золотая пряжа лучей
странник стоит на траве и глядит в ручей

лица без тел и тело без глаз и кожи
в полом плаще но существует тоже
в чреве часовни монах воздевает руки
с детства боится и молится богу-буке

[OVERHUNG IN SPRING BY A WILLOW]

overhung in spring by a willow swarming with wasps
a wayfarer leans on his staff by the darting waters
as airborne faces blow a cloud apart away into diverse corners
mend and patch the cerulean dome along its horizon
beyond a winding grapevine a chapel a flaxen field
in time's high middle ages at day's noontide

a fragmented scatter of rooks shows within the landscape
or of folk and one of them on horseback
toward whom from the vineyardy hillside left
a tame chamois trots and a maiden waves
the flax blazes blue it lights up the firmament
his staff a scythe the wayfarer's name is death

the willow tree streams abundant beneath its hood
the folk chant in unison far they can't be heard
the supple willow-girl and chamois lurk in vines
where the wind's visagery strikes armless postures
golden flows sunshine's yarn with the wasps' music
the wayfarer tall on the grass stares into the brook

bodiless faces and the body itself eyeless skinless
inside the hollow raincoat where it exists
the monk lifts up his hands in the chapel's belly
scared from childhood on he prays to bogey golly

нет ему бога и вся эта жизнь ничья
деве уже не пересечь ручья

все золотые осы весны и в тучах лица
этот свет беспробудному камню быстро снится
только синим огнем полыхнет по липкой глине
и обрушится в ночь а буки нет в помине
только химия гложет время за слоем слой
дева машет с холма и серна летит стрелой

yet all his life he is left without god ownerless
the maiden reaches the brook too late to cross

all the world's vernal wasps and faces in clouds
and the world itself are in rapid dreams of stones
a blue flame splashing across the sticky clay
night befalls day bogey golly is good and gone
chemistry alone gnaws away at time layer by layer
the maiden waves from the hill the chamois dashes on

кеннеди кеннеди кинг и прочие жертвы
и с моста в пролом талахачи а смерти нет
билли джо макалистер о ком бобби джентри
пела пока не канула в интернет
в год когда я ждал на бульваре гири
в теремке термитном скорых даров судьбы
антиподы-прадеды с лязгом зубы в супы
упустили и рты утереть забыли
аж до орденских плашек висла слюна
в год когда я дернул к иным пределам
к синему заливу и пылким девам
запевай струна

от рассвета по трайборо вброд до бронкса
до заката на дилерской тачке в тендерлойн
грыжа держит азимут авось доберемся
в путь по солнечной в обратный по теневой
поздних зорь резеда в парнике партийном
муровали в гранит эти челюсти и тела
зимовать потому что смерти нет в противном
случае надо признать что жизнь была
к руслу миссури нимфы на фавнов падки
над cbgb лето прольет елей
мост над синим проломом по радио панки
the kkk took my baby away

kennedy kennedy king with sundry other
victims and off the tallahatchie bridge yet there's no death
drops billy joe macallister whom bobbie gentry
sang till she herself sailed down the internet
the year that i lived on and on on geary boulevard
in a termite turret of fortune's measly gifts
while my antipodean ancestors were sinking
their last teeth into soups forgetting to wipe their lips
drool dangling down to their shiny medals
the very year i'd bailed toward those exotic parts
the azure bay the sultry maidens
strum your song oh heart-

string and we'll ford across to the bronx by dawn over the triborough
and by dusk in the dealer's auto to tenderloin
the hernia stalks the azimuth we'll make it before tomorrow
there up the sunny and back down the shady lane
late sunset mignonette left far behind in the party hothouse
by the granites wherein those jaws and bones lie ensconced
winter this for there be no death or else
in the contrary case one'd have to admit that indeed life was
by missouri's mouth the nymphs falling for the fawn
summer pouring its chrism on the cbgb
a bridge above blue vertigo punk rock on local radio
the kkk took my baby away

погляди меня в гугле господи всех вселенных

если я записан в какой-нибудь их народ

очарованный житель в рощах твоих целебных

дегустатор нимф и редких рифм нимрод

сквозь гикори и гинкго слепящий свет одинаков

сквозь хитон рентгеном костей любой сантиметр

я вернулся открыть вам тайну двух океанов

горизонт безлюден как был и смерти нет

кто затеплил свет перед светом навек в ответе

не уйти в полутьму астролябий и ветхих книг

под окном паркинг-лот на асфальте играют дети

кеннеди кеннеди кинг

check me out on google you god of all universes
to see whether i'm inscribed in one of their ethnic tribes
i becharmed inhabitant of your medicinal groves
taster of nymphs and nimrod of rare rhymes
blinding light across hickory and ginkgo the same and changeless
x-rays the skeleton through zooms in on each tiny length
i've returned to reveal the secret of two oceans
unpeopled their horizons there is no death
he who sparked the world's light to that light's world owes account
has no more escape into tome-and-astrolabe evening
dusk a parking lot looms in the window children play on asphalt
kennedy kennedy king

клёкот из горла ли лепет из чашки петри
осциллограмма лёгкой капелью пульс
раньше росла трава и птицы пели
нравилось лучше всё состоится пусть

гром метеоров в грозу города отважны
всплыть чтобы мокрые звёзды рыбьим ртом
всё что возможно случится сейчас однажды
пусть никогда никогда никогда потом

в темень струит стволы и в ливень лица
бережный сад к оврагу журчит дрожа
трудно сбывается всё что не смело сбыться
страшно и сразу как в сумерки блеск ножа

третий удар тишины и дробью снова
кто там стоишь у ослепшей стены одна
воля твоя велика но вслух ни слова
землю разверзни но не затворяй окна

свёрнута кровь в рулоны сыграны роли
слипшихся не перечислить лет в душе
сад в соловьиной саркоме лицо до боли
и никогда никогда никогда уже

a cry from the throat or from a petri dish a prattle
as dripping icicles oscilloscope the pulse
where there was formerly grass and birds sang
we liked it better may it rehappen yet

cities in a storm stand up brave to meteor thunder
waves nibble at wet stars with fish's mouths
everything possible is bound to any day now
even if then never ever again take place

dusk streams tree trunks and faces fill the rain
the careful orchard ripples toward the ravine
what dared not before now takes pains to happen
with a pang of fear followed by a knife's glint

a third peal of silence chased by a fresh drumbeat
and who are she who stands alone by the blinded wall
great is your will but not a word out loud
open the earth if you must but leave the window unshut

blood is rolled into bolts the roles have all played out
unnumbered the years compressed within the self
the orchid's songbird sarcoma and in pain the face
forever never ever more again

Translated by Philip Nikolayev

ЕЛЕНА ШВАРЦ

[МНЕ МОЯ ОТДЕЛЬНОСТЬ НАДОЕЛА]

Мне моя отдельность надоела.
Раствориться б шипучей таблеткой в воде!
Бросить нелепо-двуногое тело,
Быть везде и нигде,

Всем и никем — а не одной из этих,
Похожих на корешки мандрагор,
И не лететь, тормозя, как дети
Ногой, с невысоких гор.

Не смотреть из костяного шара в зеленые щели,
Не любиться с воздухом через ноздрю,
Не крутиться на огненной карусели:
То закатом в затылок, то мордой в зарю.

[MY SEPARATENESS IS GETTING ON MY NERVES]

My separateness is getting on my nerves.
Oh, to be a fizzy tablet in water, to dissolve!
To abandon my awkwardly two-legged body,
to be everywhere and nowhere at all,

everyone and no one — and not one of those
shaped like a mandrake root
and not fly as kids do down a shallow slope,
braking with their foot.

Not to gaze through green slits from a sphere of bone,
not to adore the air my nostrils draw in,
not to whirl on a fiery merry-go-round,
the sunset behind me, or snout towards the dawn.

Когда выплачешь море,

То и кончится горе.

Едкое из глаз сочится

По слезинке в час,

Будто хочет броситься в землю,

Вылиться через нас.

Горькое на вкус, теплое для уст,

Но вот уж источник пуст.

Лилось оно, сочилось,

Кончилось — нет его.

Тут все, что было на дне, в глубине

Прихлынуло тоже ко мне,

Все его осьминоги,

Кораллы и камни

Толкают изнанку глаз,

Хвостами, мордами злыми

И выскочат вместе с ними.

Почему с моими?

В каких же ты было, море,

Погибельных местах,

Что решило вдруг раздробиться

В человеческих скудных слезах?

When you cry a whole sea,

sorrow ceases to be.

Something caustic trickles from the eye,

one teardrop as each hour goes by,

As if it wants to fling itself down,

pour itself out by making us cry.

Bitter to the taste, warm on the tongue,

but now the source is dry.

It flowed, it slowed,

it ended — it's no more.

But then what was left on the ocean floor,

all that debris surged up towards me,

all its octopi,

corals and pebbles

jostle the back of the eye

with their tails, with their vicious snouts,

together, they all spring out.

But why through me?

In what ruinous places, sea,

have you been,

that you suddenly decided to shatter

into human tears that hardly matter?

Глухой: Бомба ли разорвется,

Подумаешь: «Я оглох».

(Не входи в темную комнату,

Не зажигай света,

Там может быть Бог.)

Слепой: Если вдруг что-то вспыхнет,

Подумаешь: «Я ослеп».

И превратишься в сияющий,

Но заколоченный склеп.

Тогда и входи в комнату,

Зажигай оранжевый свет,

Бога там больше нет.

Он теперь весь внутри,

Вы одни в темноте.

Нищете, тесноте …

Deaf man: If a bomb goes off,
you think, "I can't hear."
(Don't enter the dark room,
don't light a candle,
God might be near.)

Blind man: If there's a sudden flash,
you think, "I've gone blind."
And you start to shine through the boards
of the crypt you've become.
Go ahead, then,
go through the door,
light an orange light,
God's not there anymore.

Now He's all inside,
the two of you alone, in the dark.
In poverty, in cramped quarters …

[ДУХ, ОДЕРЖИМЫЙ СЛЁЗНЫМ ПЬЯНСТВОМ]

Дух, одержимый слёзным пьянством —
Он тем и жив, что лижет слёзы,
И слышу я его угрозы —
Не досчитаться ста из ста.
Уж тёмный ангел мусульманства
Грызёт подножие креста.
Зачем родился этот ангел —
Зеленоватый, лунный, грозный?
Чтоб окосел до полусмерти
Дух, одержимый пьянством слёзным.
Заплачешь ты —
Крадётся ближе,
До слепоты
Глаза залижет.
Он даже и жалеет нас,
Но горелюб и слезоголик —
Он постарается, чтоб слёз
Напиться досыта, до колик.
Когда он долго не пивал
Горячих горьких слёз стакан —
Он кинется на самолёт
И вздует ураган.

A Spirit hooked on drinking tears —
that's what his life depends on, licking tears,
and his threats are loud and clear —
of 100 men, 100 will be lost.
Already the dark angel of Muslimism
gnaws at at the base of the cross.
Why was this angel born —
greenish, lunar, dread?
So the spirit hooked on drinking tears
would drink himself half to death.
You start to cry —
he steals behind you
and licks your eyes
until you're blinded.
He even sympathizes with us,
but he's a griefophile and a tear-aholic —
he tries so hard to drink his fill,
he gets colic.
And when a long time has passed
since he's had a glass of steaming, bitter tears,
he pounces on an airplane
and blows a hurricane.

С такою лёгкостью в теле проснулась —
Будто я вчера застрелилась
Вишневой косточкой …

Всё же косточка попала в цель
(хоть и не было там светло) —
В красную землю, лепестков метель
В благодатную занесло.

Она упала не в путь проезжий
И не на камне
И машет белыми руками
И цветью снежной

В самом деле (экое дело!)
В сердце что-то цвело и белело —
Сакура там расцвела.
Все — вплоть до самой малой кровинки, —
Замирая, дивились этой новинке.
Vita nuova болела,
Vita nuova бела.

Today when I awoke my body seemed so light,
as if I'd shot myself last night
with a cherry pit …
What's more, the pit hit its mark,
(despite the dark) —
in the red earth, a blizzard of petals,
it landed on fertile earth.
Not on a footpath it fell,
and not onto rock or thorns
and it waves its white arms
and its snowy blossoms
In fact (hardly worthy of note!)
something white flowered in my heart —
it was a Sakura blooming.
All of me — every tiniest droplet of blood —
growing faint, marvelled at this new thing.
Vita nuova was unwell,
Vita nuova pale.

Translated by Margo Shohl Rosen

[МЕЛКИЙ ДОЖДИК ХОДИТ ТИХО]

Мелкий дождик ходит тихо,
как индейский проводник.
Вот крапива, вот гречиха.
Кто садовник? Я грибник.

Елей пасмурная хвоя,
их драконья чешуя.
Но не вижу ничего я.
Ничего не слышу я.

Только слышу — тоньше вздоха
ветер ходит надо мной,
да шумит ольха-елоха
далеко за тишиной.

С неба ровно-голубого,
из недального угла
для живущего любого
изготовлена стрела.

Кто успеет уклониться,
лёт ее признав едва?
Вот невидимая птица
и поет как тетива.

Light rain falls as quietly
as the footfall of an Indian guide.
Nettles here, buckwheat there.
Who tends these? Not I, the mushroom-gatherer.

A cloud of spruce needles,
scales from a dragon,
but I see nothing, not I.
I hear nothing, not I.

I only hear, softer than a breath,
the wind blowing over me,
an alder-elder rustles
distantly beyond the stillness.

From the level pale blue sky
from a corner not so far away
an arrow has been fashioned
destined for anything alive.

Who will escape its barely
perceptible flight?
See how the invisible bird
sings like a bowstring.

Так проступают тайные рычаги
возле скулы и за углом щеки.
Вышли наружу силы как волдыри.
Век бы не знать, что у меня внутри.

Там недород. Битва за кислород.
Реки забиты илом. Своей тропою
звери находят мель, переходят брод,
сходятся к водопою.

Зверь в глубине
скулит по своей родне.
Птице внутри жаль своего птенца.
Волки вдвоем
в логове спят своем.
Нет у детей матери и отца.

Волк озирается: кто же тут царь зверей?
Зуд поднимает шерсть,
выставляет коготь,
чтобы узнать. Чтобы скорей, скорей
горло его достать.
Сердце его потрогать.

Secret mechanisms show through
Near the bones at the corner of the cheek
Forces erupted like blistering sores.
Never to have known what lives inside me.

A crop failure there. A battle for oxygen,
Rivers choked with silt. Wild animals
Find the bank, a ford, by their own trails,
and climb down to the waterhole.

In the depth a beast
Whimpers for its own kind,
The bird pities its fledglings,
Wolves in pairs
Sleep in their lairs.
The children have no mother or father.

A wolf looks around: who's king of beasts here?
A hunger raises his hackles,
Displays his claws
In order to know. All the more quickly
To get at its throat,
To touch its heart.

Вровень когда-то, теперь под ногами у нас
соты-палаты как старые шахты завалены.
Сор, обживаемый мелкими тварями, —
ветхой земли нарастающий пласт.

Что же скрывается в глубине
старого места — до грунта снесённого города?
При затемнении всё очевидней вдвойне:
свет наизнанку, и прежняя метка не спорота.

Что же скрывается в глубине?
Хитрые часики ходят, цепляясь колесами.
Сонные мухи встречаются с мёртвыми осами
там, в ненадёжной квартире,
в ненужной стране

Once level with us, now under our feet
A honeycomb of chambers like old, blocked mine-shafts.
Rubbish, made homely by petty creatures —
the crumbling earth piles up in strata.

What is hiding now in the depth
of this antique site — in the very soil of a tumbledown city?
A power failure makes everything twice as obvious:
Light turned inside out, an earlier name-tag not unstitched.

What is hiding now in the depth?
Crafty watches keep ticking, wheels interlocked.
Sleepy flies encounter dead wasps
down there, in an unsound apartment
in an uncalled-for land

В человеке живёт вода, и она кипит.
Всё разборчивей и слышней,
что она говорит, вода.
С истеченьем дней
всё трудней уживаться с ней.
Никогда не спит,
не безмолвствует никогда.

И поди заставь её жить не так, как она живёт,
в срок пожизненного труда.
Чтобы стала она как горячий лёд,
как текучий камень стала она, вода.

Inside a person lives water. It seethes.
In its meticulous and insistent way
it keeps on speaking, water.
With the outpouring of days
it is all the more difficult to get along with.
It never sleeps,
It never keeps silent.

And just try to stop it living the way it lives,
in its lifetime of long, hard labor.
See if you can turn it into hot ice,
into fluid rock if you can, water.

Церкви, обстроенные дворцами,
стены, обросшие чешуей,
встретились каменными крестцами —
стали одной семьёй.

Так, бесконечное время празднуя,
улицы спутанные, густые,
сплошь покрывает загаром красная
пыль, занесённая из пустыни.

Так же несутся, сбиваясь в тучу,
ласточки на закате
над Ватиканом,
над Авентином.
Кто их так учит —
в плотном на миг застывать охвате,
взмахом кружить единым?

Ходит туман,
накрывает горы,
склоны с проборами боковыми,
башенные селенья.

Время движеньями круговыми
учит выстраивать укрепленье
в воздухе без опоры.

Churches wedged in among palaces,
walls overgrown with scales
came together with stony sacra
into a single family.

Over all, a dust as red as sunburn,
blown in from a desert, covers
the dense, confusing streets
in celebration of eternity.

Swallows in the sunset
over the Vatican,
over the Aventine.
Who teaches them how
to circle with a single swoop
in their tight, momentary formation?

Fog moves in
and covers the hills,
the slopes with their terracing,
the turreted hamlets.

Time with its circular movement
teaches how to build a fortress
hanging in the air.

Translated by J. Kates

[КОГДА УМИРАЕТ ПТИЦА]

Когда умирает птица,
в ней плачет усталая пуля,
которая так хотела
всего лишь летать, как птица.

[AS A BIRD DIES]

As a bird dies
the spent bullet inside weeps,
because it wanted more than anything else
to fly, like the bird.

Ты — сцена и актер в пустующем театре.

Ты занавес сорвешь, разыгрывая быт,

и пьяная тоска, горящая, как натрий,

в кромешной темноте по залу пролетит.

Тряпичные сады задушены плодами,

когда твою гортань перегибает речь

и жестяной погром тебя возносит в драме

высвечивать углы, разбойничать и жечь.

Но утлые гробы незаселенных кресел

не дрогнут, не вздохнут, не хрястнут пополам,

не двинутся туда, где ты опять развесил

крапленый кавардак, побитый молью хлам.

И вот уже партер перерастает в гору,

подножием своим полсцены обхватив,

и, с этой немотой поддерживая ссору,

свой вечный монолог ты катишь, как Сизиф.

Ты — соловьиный свист, летящий рикошетом.

Как будто кто-то спит и видит этот сон,

где ты живешь один, не ведая при этом,

что день за днем ты ждешь, когда проснется он.

И тень твоя пошла по городу нагая

цветочниц ублажать, размешивать гульбу.

Ей некогда скучать, она совсем другая,

ей не с чего дудеть с тобой в одну трубу.

И птица, и полет в ней слиты воедино,

You — the stage and actor in a deserted theatre.
You'll pull down the curtain, playing out this life,
and the drunk anguish, burning, like sodium,
flies over the utter blackness of the auditorium.
Ragged gardens choked with fruits,
when speech stretches your larynx,
and a tin-can pogrom lifts you up in the drama
to pillage and burn, flood the stage edges with light.
Still the shaky coffins, these unoccupied seats
won't yield, or breathe out, or break in half,
or slide up to the place you've again marked
as a heap and pile, some moth-eaten trash. And here
the parquet already overgrows into a mountain,
the stage seized underfoot, and,
sustaining the argument with muteness,
you let roll your infinite monologue, as if a Sisyphus.
You — the nightingale's ricocheting whistle
As if someone is sleeping and dreams this place
where you once lived alone, blinded day after day
waiting for the dreamer to awaken.
And your shadow took off naked through the city
to gratify the flower-vendor, stir up a few jokes.
Never a dull moment, it's something altogether
different and can't whistle the same tune as you.
And the bird and flight are one in the shadow,

там свадьбами гудят и лед, и холода,

там ждут отец и мать к себе немого сына,

а он глядит в окно и смотрит в никуда.

Но где-то в стороне от взгляда ледяного,

свивая в смерч твою горчичную тюрьму,

рождается впотьмах само собою слово

и тянется к тебе, и ты идешь к нему.

Ты падаешь, как степь, изъеденная зноем,

и всадники толпой соскакивают с туч,

и свежестью разят пространство раздвижное,

и крылья берегов обхватывают луч.

О, дайте только крест! И я вздохну от боли,

и продолжая дно, и берега креня.

Я брошу балаган — и там, в открытом поле …

Но кто-то видит сон, и сон длинней меня.

ice and cold drone on in the marriage, there
the mother and father await the return of their mute son,
and he looks out the window and sees into nowhere.
All the same, somewhere to the side of his icy gaze,
coiling like a tornado through your pungent prison cell,
the word is born of itself in the darkness,
and it reaches toward you, and you move toward it.
You crumble like the steppe gnawed away by heat,
and a herd of horsemen hail down from the clouds,
with crisp strokes strike the vast space,
and the wings of shorelines embrace the rays.
O, just deliver the cross! And I'll cry out for the wound,
the ongoing emptiness and shores heeling over.
I'll quit playing the buffoon — and there, in an open field …
But someone's dreaming, and the dream is outlasting me.

ПРЕОБРАЖЕНИЕ

И при слове клятвы сверкнут под тобой весы
металлическим блеском, и ты — на одной из чаш,
облюбованный насмерть приказом чужой красы,
вынимающей снизу один за другим этаж.
Как взыскуемый град, возвращенный тебе сполна,
и как слава миров, под тобою разверстых, на
воздусях левитации реет кремнистый пар —
от стерильной пустыни тебе припасенный дар.
Преображенный клятвой и ставший совсем другим —
всем, что клятвой измерил и чем был исконно цел,
наконец ты один, и тебе незаметен грим,
погрузивший тебя в обретенный тобой удел.
Соучастник в своем воровстве и третейский суд,
пересмешник, свидетель, загнавший себя под спуд
предпоследней печати, в секретный ее завод —
под чужое ребро бесконечного сердца ход.
И при слове клятвы ты знаешь, чему в залог
ты себя отдаешь, перед чем ты, как жертва, строг.
От владений твоих остается один замок,
да и тот без ключа. Остальное ушло в песок.

And upon the oath's utterance the scales glitter below
you with a metallic shine, and you there — on one side of the weights,
chosen for death by command of a strange beauty,
down here, you rip out one floor after another.
Like the sought after city, returned to you in full splendor
and the glory of worlds and opening beneath you,
flinty steam hovers on the winds of levitation —
the sterile desert's gift laid out before you.
Transfigured by oath and become someone other —
all this, measured in oath where you once were primordially whole,
at last alone, you don't notice the theatre make-up,
it plunged you into this found destiny.
Accomplice in your own thievery and court of arbitration,
mocker, witness, who hid his own light under a bushel
of the penultimate seal, into its secret works,
the move of an eternal heart beneath an alien rib.
And upon the oath's utterance you know what you devote
yourself to in pledge is severe, before you, like a sacrifice.
Of your possessions one lock remains,
and true, it contains no key. All the rest sank into the sand.

Это на слабый стук, переболевший в нем,
окна вспыхнули разом предубежденным жаром,
и как будто сразу взлетел над крышей дом,
деревянную плоть оставляя задаром.
Где бы он ни был, тайно светила ему
золотая скоба от некрашеной двери,
а теперь он ждет, прогибая глазами тьму,
посвященный итогу в испуганной вере.
Ждет хотя бы ответа в конце пути,
позолочен по локоть как будто некстати
холодком скобы, зажатым в горсти,
на пределе надежды, близкой к утрате.
Выйдет мать на крыльцо, и в знакомом «Кто?»
отзовется облик в отпетом пальто,
отмелькавшем еще в довоенных зимах.
Грянет эхо обид, неутоленных, мнимых,
мутью повинных дней остепенясь в ничто.

Может, теперь и впрямь дело совсем табак,
блудный сын, говорят, возвращался не так:
несказанно, как дождь, не обученный плачу,
словно с долгов своих смог получить он сдачу
в виде воскресших дней — это такой пустяк.
Благословен, чей путь ясен и прост с утра,
кто не теряет затылком своим из виду

Here's a weak knock — the pain already passed
through him, the windows blazed with a biased heat
and the home itself, as if suddenly flying above the rooftop,
abandoned its wooden frame for next to nothing.
Wherever he found himself the golden latch
on the unpainted door mysteriously lit his path,
though now he waits, eyes collapsing the dark,
possessed by a terrified faith, yet devoted to the outcome.
He waits for any answer at the road's end,
inopportunely gilded to the elbows by the coolness
of the latch seized in the cup of his hand,
on the fringes of hope, approaching absolute loss.
The mother will come to the porch, and call
with her familiar "Who's there?" wearing that incorrigible
overcoat outmoded even in the pre-war winters.
The echo of unslaked, imaginary insults erupt
and settle into nothing, in these left-over, guilty days.

Maybe it's true things are now completely ravaged,
the prodigal son, they say, didn't return as such:
unsayable, like rain, the uneducated tears,
as if he got what he deserved and will pay
in a currency of resurrected days — a trifle really.
Blessed the one whose road is clear and simple from first light,
who even when his head's turned doesn't lose sight of the goal

цель возвращенья и облаков номера
помнит среди примет, знавших его обиду!
Что воскресенье? — это такой зазор,
место, где места нет, что-то из тех укрытий,
что и ножны для рек или стойла для гор,
вырванных навсегда из череды событий.
Знать бы, в каком краю будет поставлен дом
тот же, каким он был при роковом уходе,
можно было б к нему перенести тайком
то, что растратить нельзя в нежити и свободе.

to return and remembers the numbering of clouds
among the signs that know his offense.
What is resurrection? — a clearance of sorts,
a place where there is no place, some kind of secret harbor,
sheathes for rivers or stalls for mountains
ripped out once and for all from the sequence of events.
If only he knew in what country the same home
would appear, as if it reflected his own fated departure,
as if the mystery of all that was never squandered
in indulgence and freedom could be brought back to him.

Translated by John High

ОЛЬГА СЕДАКОВА

ПОРТРЕТ ХУДОЖНИКА В СРЕДНЕМ ВОЗРАСТЕ

Кто, когда, зачем,

какой малярной кистью

провел по этим чертам,

бессмысленным, бывало, как небо,

без цели, конца и названья —

бури трепета, эскадры воздухоплавателя, бирюльки ребенка —

небо, волнующее деревья

без ветра, и сильней, чем ветер:

так, что они встают и уходят

от корней своих

и от земли своей

и от племени своего и рода:

о, туда, где мы себя *совсем* не знаем!

в бессмысленное немерцающее небо.

Какой известкой, какой глиной

каким смыслом,

выгодой, страхом и успехом

наглухо, намертво они забиты —

смотровые щели,

слуховые окна,

бойницы в небеленом камне,

в которые, помнится, гляди не наглядишься?

PORTRAIT OF THE ARTIST IN MIDDLE AGE

Who, when, why
with a soft painter's brush
figured these lines
most as meaningless as sky,
no purpose, end, or name —
whirlwinds of dithering, an air-swimmer's flotilla, a child's jackstraws —
the sky upsetting the trees
windlessly and stronger than the wind
so that they rise and go
away from their roots
and their native land
and from their stock and family
off where we have *no idea at all* who we are!
into the meaningless, unflickering sky.

What kind of plaster, what kind of clay,
what idea,
what strong point, fear and success
were used to make them tight and fast —
the eye slits,
the dormer windows,
the embrasures in unwhitewashed stone,
through which, I remember, one never tires of looking?

Ах, мой милый Августин,
все прошло, дорогой Августин,
все прошло, все кончилось.
Кончилось обыкновенно.

Ah, my darling Augustin,
it's all gone, dear Augustin,
all gone, all finished.
Finished as usual.

ЗЕМЛЯ

Сергею Аверинцеву

Когда на востоке вот-вот загорится глубина ночная,
земля начинает светиться, возвращая

избыток дарёного, нежного, уже не нужного света.
То, что всему отвечает, тому нет ответа.

И кто тебе ответит в этой юдоли,
простое величье души? величие поля,

которое ни перед набегом, ни перед плугом
не подумает защищать себя: друг за другом

все они, кто обирает, топчет, кто вонзает
лемех в грудь, как сновиденье за сновиденьем, исчезают

где-нибудь вдали, в океане, где все, как птицы, схожи.
И земля не глядя видит и говорит: — Прости ему, Боже! —

каждому вслед.
         Так, я помню, свечку прилаживает к пальцам
прислужница в Пещерах каждому, кто спускается к старцам,

как ребенку малому, который уходит в страшное место,
где слава Божья, — и горе тому, чья жизнь — не невеста,

To Sergei Averintsev

When in the East the night's deep dark begins to burn,
the Earth begins to brighten and to return

the wan, no longer wanted light left over.
Now for what covers us all there is no cover.

And who will cover for you in this vale of sorrow,
soul's simple grandeur? the grandeur of the furrow,

which has no thought of defending itself against the plow
or a local raid. One after another now

they who gather, who trample, who with plowshares pierce
its breast disappear like dream after dream

far away, in the ocean where all are alike, like birds.
And the Earth, without looking, sees, says "Forgive him, Lord!"

after each.
　　　In The Cave, I remember, the caretaker fitted
a candle into our fingers before we visited

the holy elders, like children going some place terrified,
where God's glory (what's worse, its life) is no bride,

где слышно, как небо дышит и почему оно дышит.
— Спаси тебя Бог, — говорит она вслед тому, кто ее не слышит...

...Может быть, умереть — это встать наконец на колени?
И я, которая буду землей, на землю гляжу в изумленье.

Чистота чище первой чистоты! из области ожесточенья
я спрашиваю о причине заступничества и прощенья,

я спрашиваю: неужели ты, безумная, рада
тысячелетьями глотать обиды и раздавать награды?

Почему они тебе милы, или чем угодили?
— Потому что я есть, — она отвечает. —
Потому что все мы *были*.

where you can hear the sky breathing, how and why.
"God save you," says Earth after him who hears no cry.

Maybe dying is in the end kneeling to pray?
I, who will turn to earth, look at the Earth amazed.

A purity purer than Eden's! In my bitterness
I ask why is there intercession, forgiveness —

have you, mad Earth, for millennia been glad
to swallow insults and hand out rewards?

What did they do for you? Why care about them?
"Because I am," the Earth replies,
"because we all *have been*."

НАЧАЛО

В первые времена, когда земледельцы и скотоводы
населяли землю, и по холмам
белые стада рассыпались,

                    обильные, как воды,
и к вечеру прибивались

                 к теплым берегам —
перед лицом народа, который еще не видел
ничего подобного Медузиному лицу:
оскорбительной,
уничтожающей обиде,
после которой,

            как камень ко дну,

               идут к концу, —

перед лицом народа, над размахом пространства,
более свободного, чем вал морской
(ибо твердь вообще свободнее: постоянство
глубже дышит и ровней и не тяготится собой) —

итак, в небосводе, чьи фигуры еще неизвестны,
неименованы, и потому горят, как хотят,
перед лицом народа

             по лестнице небесной
над размахом пространства

           над вниманьем холмов, которые глядят

In the olden days, when sowers and herders
inhabited the earth, and white flocks,
plentiful like the waters.

               were scattered over the hills
and at evening hugged
        the warm shores —
before the people, who had never yet beheld
anything like the face of Medusa,
abusive,
murderous,
after which,
      like a stone to the bottom,

              they go to the end —

before the people, above the vastness of space
freer than a wave on the sea
(for land is generally freer: permanence
breathes more deeply and evenly and doesn't weigh itself down)

so, in the vault of Heaven whose figures were still unknown,
unnamed, and therefore burned as they willed
before the people
        down heaven's ladder
above the vastness of space
     above the harkening hills which kept their eyes

на нее,

на первую звезду,

с переполненной чашей ночи

восходящую по лестнице подвесной, —

вдруг он являлся:

свет, произносящий, как голос,

но бесконечно короче

все те же слоги:

Не бойся, маленький!

Нечего бояться:

я с тобой.

on it,

on the first star,

out of the overflowing cup of the night

rising on a suspended ladder —

it suddenly appeared:

the light uttering like a voice

but infinitely more briefly

the same syllables:

Fear not, my child!

There's nothing to fear:

I am with thee.

Translated by F. D. Reeve

АЛЕКСАНДР ЕРЕМЕНКО

[ОСЫПАЕТСЯ СЛОЖНОГО ЛЕСА]

Осыпается сложного леса пустая прозрачная схема,
шелестит по краям и приходит в негодность листва.
Вдоль дороги пустой провисает неслышная лемма
телеграфных прямых, от которых болит голова.

Разрушается воздух, нарушаются длинные связи
между контуром и неудавшимся смыслом цветка,
и сама под себя наугад заползает река,
а потом шелестит, и они совпадают по фазе.

Электрический ветер завязан пустыми узлами,
и на красной земле, если срезать поверхностный слой,
корабельные сосны привинчены снизу болтами
с покосившейся шляпкой и забившейся глиной резьбой.

И как только в окне два ряда отштампованных елок
пролетят, я увижу: у речки на правом боку
в непролазной грязи шевелится рабочий поселок
и кирпичный заводик с малюсенькой дыркой в боку …

Что с того, что я не был здесь целых одиннадцать лет?
За дорогой осенний лесок так же чист и подробен.
В нем осталась дыра на том месте, где Колька Жадобин
у ночного костра мне отлил из свинца пистолет.

ALEKSANDR EREMENKO

[THE EMPTY DIAGRAM OF COMPLICATED WOODS]

The empty diagram of complicated woods falls into dissipation,
the leaves quiver along the edges, becoming obsolete.
Along the empty road, straight lines from the telegraph station
hang low, their inaudible lemma pounds in my head.

The air is being destroyed, and in the drawn-out link
between the flower's contour and its failed meaning,
there's interference. The river crawls under itself, guessing,
then it quivers, and they end up in sync.

The electrical wind is tied up in an empty nexus of knots.
and on the red earth, if we cut away the first layer,
ship-worthy pines are screwed in from beneath by bolts
with crooked caps and their threads crammed full of clay.

And as soon as two rows of pre-fabricated firs
go by my window, I'll see: by the river's right side,
in the impassable dirt a workers' village stirs
and a little brick factory with a tiny hole in its side …

I haven't been back in eleven years — what of it?
Past the road the autumn wood is just as clean and clear.
A hole is still there in that spot, where Kolya Zhadobin
cast a pistol of lead for me by the night fire.

Там жена моя вяжет на длинном и скучном диване,

там невеста моя на пустом табурете сидит.

Там бредет моя мать то по грудь, то по пояс в тумане,

и в окошко мой внук сквозь разрушенный воздух глядит.

Я там умер вчера, и до ужаса слышно мне было,

как по твердой дороге рабочая лошадь прошла,

и я слышал, как в ней, когда в гору она заходила,

лошадиная сила вращалась, как бензопила.

There my wife knits on the long, dull sofa,
there my bride sits on an empty chair.
There my mother wanders up to her waist in fog,
and my grandson looks out through the broken air.

There I died yesterday, and in horror I listened
to the work horse as it trod the hard road.
Then, as it made its way up the hill, I heard,
like a chain saw, the horsepower revolving in it.

В воюющей стране
не брезгуй тёплым пивом,
когда она сидит, как сука на коне.
В воюющей стране
не говори красиво
и смысла не ищи в воюющей стране.

In a country at war
do not disdain a warm beer,
when she sits, like a bitch, astride her horse.
In a country at war
do not speak fair
and don't look for meaning in a country at war.

Туда, где роща корабельная
лежит и смотрит, как живая,
выходит девочка дебильная,
по желтой насыпи гуляет.

Ее, для глаза незаметная,
непреднамеренно хипповая,
свисает сумка с инструментами,
в которой дрель, уже не новая.

И вот, как будто полоумная
(хотя вообще она дебильная),
она по болтикам поломанным
проводит стершимся напильником.

Чего ты ищешь в окружающем
металлоломе, как приматая,
ключи вытаскиваешь ржавые,
лопатой бьешь по трансформатору?

Ей очень трудно нагибаться.
Она к болту на 28
подносит ключ на 18,
хотя ее никто не просит.

Where the pine-wood grove
lies watching, as if it were alive,
a retarded girl comes out
to stroll along the yellow drive.

Invisible to the naked eye
and unintentionally cool,
with a drill — no longer new — inside,
hangs her bag of tools.

And then, as if out of her mind
although she's actually a retard
she runs her worn-out file
against the broken studs.

What are you seeking, little monkey,
in the surrounding scrap yard?
You drag out rusty keys
and beat transformers with a spade.

It's difficult to bend.
Though no one asked her to,
she tries an #18 wrench
around a #28 bolt.

Ее такое время косит,
в нее вошли такие бесы …
Она обед с собой приносит,
а то и вовсе без обеда.

Вокруг нее свистит природа
и электрические приводы.
Она имеет два привода
за кражу дросселя и провода.

Ее один грызет вопрос,
она не хочет раздвоиться:
то в стрелку может превратиться,
то в маневровый паровоз.

Ее мы видим здесь и там.
И, никакая не лазутчица,
она шагает по путям,
она всю жизнь готова мучиться,

но не допустит, чтоб навек
в осадок выпали, как сода,
непросвещенная природа
и возмущенный человек!

Time mows her down.
Devils possess her.
She brings her lunch along,
but sometimes she forgets it.

Electricity and nature
whistle all around her.
She has two arrests on record
for theft: a throttle and some wire.

She has a single-minded itch,
she is afraid to split in two:
either be a railroad switch,
or become a shunting train.

We see her — now here, now there.
No spy, no scout at all,
she walks along the rails,
willing to endure and struggle,

she will not let it be the end
of unenlightened nature
and man's indignant stature
fall, like so much rain.

М. Кулаковой

— Культура = система запретов, —
сказала Марина, а я
ответил ей что-то на это,
но выглядел я как свинья.

Долой из культуры поэтов?
Конечно, поскольку они
такая система отпретов,
что Боже, Марин, сохрани!

Культура — система запретов.
Наверно, Марина права,
но я-то не знаю об этом,
и кругом стоит голова.

Я думал, система запретов —
закон и тюрьма …

                             Раздолбай!
Культура — система запретов!
Ну ёханый ты же бабай …

Я думал: система сонетов,
кларнетов, квартетов,
и как это там … триолетов,

to M. Kulakova

"Culture = a system of prohibitions,"
said Marina, and I replied
with something in response,
but I came across as a swine.

Poets, be gone from culture,
you say? But of course. What a
system of *prohibitions* they are!
Heaven help us, Marina.

Culture's a system of prohibitions.
Marina is probably right,
but I had no idea —
it makes my head feel light.

Culture is a system of prohibitions —
tear down the law, tear down the jail!
Culture is a system of prohibitions!
What a fool you've been all this while ...

I thought about systems of sonnets,
quartets, clarinets, and those —
what are they called — triolets,
in elegant repose.

изысканных поз.

А это система запретов.

Ну прямо по коже мороз.

Да в этой системе запретов

мы прожили тысячи лет!

И где же культура при этом?

Да нет её, попросту нет.

And this system of prohibitions ...
It chills me to the bone.

In this system of prohibitions
we've lived for thousands of years!
And where's culture been hiding?
No such thing, it doesn't exist.

Translated by Matvei Yankelevich

[ГОВОРЯТ, ЧТО ВРЕМЯ — РЕКА]

Говорят, что время — река. Тогда человек — ручей,
что уходит внезапно под почву — и нет его.
Остаются сущие мелочи, вроде ключей
запропастившихся, не говоря уж о
изгрызенной трубке, очках, разговорах о воскреше-
нии Лазаря (квалифицирующемся, как бред,
нарушающий все законы физики). По чужой душе
без фонаря не побродишь, а фонаря-то и нет.
Говорят, что носивший музыку на руках
и губивший ее, как заурядный псих,
несомненно, будет низвергнут в геенну, как
соблазнивший кого-то из малых сих.
А еще говорят, что смерть — это великий взрыв.
Ничего подобного. Или я ошибаюсь, и
второпях ночную молитву проговорив,
даже грешник становится равен своей любви?
За колючей проволокой земной тюрьмы,
за поминальным столом с безносою, в многотрудный час
подземельных скорбей, без ушедших мы
кое-как выживаем — но как же они без нас?

[THEY SAY TIME IS A RIVER]

They say time is a river. If so, humankind's a brook
that plunges suddenly underground — and is not.
Utter trivialities remain, say, keys that have disappeared,
not to mention a tooth-marked pipestem, eyeglasses,
conversations about the resurrection of Lazarus
(which we classified as nonsense in violation
of all the laws of physics). But you won't be wandering
in an alien soul without a lantern, the lantern's gone.
They say that if you carry music in your hands
and let it go to ruin, like any ordinary madman,
you will be brought down to Gehenna's fire,
for having offended even one of these little ones.
And they say again that death is a mighty explosion.
Nothing like it. Or else I'm mistaken, and
hurriedly having spoken a night-time prayer,
even the sinner becomes equal to his own love?
Behind the barbed wire of this earthly prison,
Behind the funeral table with the reaper in the difficult hour
of cavernous grief, without those who went away we
are surviving, but how are they doing without us?

Остаётся все меньше времени, меньше вре…
Постаревшие реки покорно, как дети, смежают веки.
И облетевшие клёны (да и любые деревья) в ледяном стоят серебре,
как простодушно сказали бы в позапрошлом — да, уже позапрошлом —
веке.

Где же оно, вопрошаю гулко, серебро моих верных и прежних рек?
На аптечных весах, вероятно, там же, где грешников грозно судят.
Не страшись карачуна, говаривал хитроумный грек,
вот заявится, вытрет кровь с заржавелой косы — а тебя-то уже не будет.

Только будет стоять, индевея, деревянный архангел у райских врат,
облицованных ониксом. В безвоздушной пустыне белеют кости
алкоголиков некрещёных. Мне говорят: элегик. А я и рад.
Лучше грустью, друзья мои славные, исходить, чем злостью.

Лучше тихо любить-терпеть, лучше жарко шептать «прости»,
выходить на балкон, вздрагивая от октябрьского холода
на запястьях. Пить-выпивать, безответственные речи вести.
Я, допустим, не слишком юн. Но и серафимы явно немолоды.

Less and less time remains, less and less ti…
The rivers having grown old obediently, like children, drifting to sleep.
And the spreading maples (like any tree) stand in icy silver,
As they would have said simply in the century before yes (already) before this one.

Where is, I inquire, thundering, the silver of my true and earlier rivers?
On the apothecaries' weights, probably, there where they menace sinners with
    judgment.
You will not be afraid of kicking off, spake the clever-minded Greek,
here it comes, to wipe the blood from the rusted bone — yet still it will not be you.

Only, rimed with frost, the wooden archangel of the heavenly brothers will stand
faced with onyx. In the airless desert bones of unchristened
alcoholics whiten. They speak to me: elegist. But I take no pleasure.
Better to go out in sorrow, my glorious friends, than in malice.

Better to love-persevere quietly, better to whisper hotly "forgive me"
to go out onto the balcony, shivering in the October cold
on your wrists. To drink, drink up, make irresponsible speeches.
Let's admit, I'm no spring chicken. But the seraphim, too, are getting old.

Сколько воды сиротской теплится в реках и облаках!
И беспризорной прозы, и суеты любовной.
Так несравненна падшая жизнь, что забудешь и слово «как»,
и опрометчивое словечко «словно».
Столько нечётных дней в каждом месяце, столько рыб
в грузных сетях апостольских, столько боли
в голосе, так освещают земной обрыв
тысячи серых солнц — выбирай любое,

только его не видно из глубины морской,
где Посейдон подданных исповедует, но грехи им
не отпускает — и ластится океан мирской
к старым, не чающим верности всем четырём стихиям,
воинам без трофеев, — влажен, угрюм, несмел
вечер невозмужавший, а волны всё чаще, чаще
в берег стучат размытый — и не умер ещё Гомер —
тот, что собой заслонял от ветра огонь чадящий.

How much stranded water glimmers in rivers and clouds!
And neglected prose, and the vanity of love.
Life is utterly incomparable, even the word *like*
you can forget, and the trivial phrasing of *as if.*
So many odd-numbered days in every month, so many fish
in the abundant nets of the apostles, so many ways
the voice can ache, and thousands of gray suns
illuminate terrestrial upheavals — choose any one of them,

only it won't be visible from the bottom of the sea,
where Poseidon hears the confession of his subjects, without
absolving them of sin — and the worldly ocean
dances attendance on old warriors who have no allegiance
to any of the four elements — the immature evening
is damp, gloomy, timid, and the waves more and more frequently
knock against an eroded shore — Homer not yet dead —
a smouldering fire sheltered from the wind.

«Я всегда высоко ценил (кавказский акцент) льубов».
«Я никогда не опустошал чужих карманов».
«Я птицелов». «У меня осталось двадцать зубов».
«Я известный филокартист». «Я автор пяти романов».

«Я посещал все воскресные службы, даже когда страдал
ревматизмом и стенокардией». «Перед смертью я видел синий,
малахитовый океан и далекого альбатроса». «Я всегда рыдал
над могилами близких, утопая в кладбищенской глине».

«Я любил Дебюсси и Вагнера». «Я стрелял из ружья
по приказу, не пробовал мухоморов и не слыхал о Валгалле».
«Я никого не губил, даже зверя». «Я консультант по недвижимости». «Я,
предположим, бывал нечестен, но и мне бессовестно лгали».

«Я привык просыпаться один в постели». «Мой голос был груб
и угрюм, но горек». «Я знал, твой закон — что дышло».
«Я смотрел по утрам на дым из петербургских фабричных труб».
«Я стоял на коленях, плача». «Я пробовал, но не вышло».

"I have always valued (spoken in a Southern accent) luve."
"I never made a hole in someone else's pockets."
"I am a birdcatcher." "I had twenty teeth left."
"I am a well-known postcard collector." "I wrote five novels."

"I attended church every Sunday, even when I suffered
from rheumatism and heart trouble." "Before death, I saw, far away,
a deep blue, malachite ocean and an albatross." "I always wept
over the graves of my loved ones, drowning in graveyard clay."

"I loved Wagner and Debussy." "I fired my gun only
under orders, never tasted peyote and knew nothing of Valhalla."
"I never harmed a fly." "I am a consultant in real estate." "I
was dishonest, you could say, but everyone bamboozled me."

"I was accustomed to waking up alone." "My voice was hoarse
and sullen, but bitter." "I knew your law was just blowing smoke."
"I used to watch morning smoke-stacks over Petersburg factories."
"I went down on my knees, weeping." "I tried, but it didn't work."

Translated by J. Kates

[НА ГРАНИЦЕ ТРАДИЦИИ И АВАНГАРДА]

На границе традиции и авангарда
из затоптанной почвы взошла роза
лепества дыбом винтом рожа
семь шипов веером сквозь ограду

Распустилась красно торчит гордо
тянет корни наглые в обе зоны
в глуховом бурьяне в репьях по горло
а кругом кустятся еще бутоны

Огород ушлый недоумевая
с двух сторон пялится на самозванку
на горящий стебель ее кивая
на смешно классическую осанку

То ли дело нарцисс увитой фасолью
да лопух окладистый с гладкой репой
а под ней земля с пересохшей солью
а над ней небо и только небо

[ON TRADITION'S BORDER WITH THE AVANT-GARDE]

On tradition's border with the avant-garde
from the trampled soil a rose arose
its physog agog in spiralled petalage
sent forth a fan of seven thorns

Through the fence crimson sticks up proudly
its brazen roots into both zones push
in wild weeds in burrs to its ears
and all around buds bush

The sly garden sore perplexed leering
from both sides at the Pretenderess
nodding at her fiery stem
at her laughably classical bearing

The vine-wrapped narcissus is another matter
and bushy burdock and smooth turnip nearby
and beneath her the soil and dried salt
and above the sky and nothing but sky

А что остается? Стихи.
Не все же кругом идиоты.
Безвременник пышный цветет
и пахнет бессмертником — что ты!

Все лица, слова, лопухи
повязаны цветом разящим,
вчерашний цедящая мед,
залипнет пчела в настоящем.

Зависнет, жужжи — не жужжи,
крыло отрывное теряя,
скажи, что и это пройдет,
скажи мне, моя золотая.

— Кромешные травы глухи.
Не лжи — время каплет из сот.
Ну, что мне останется от
тебя? Ну, конечно. Конечно.

And so, what's left? Well, poems — what else?
The world's full of more than just fools.
Meadow saffron blooms thickly all the time,
with its lying fragrance of immortelles.

All faces, all words, all common weeds
are bound by this flower's cutting smell,
the bee filtering yesterday's honey,
gets mired in present time as well.

Stuck there, and for all your buzzing
you'll only tear your wing away,
tell me that this, too, shall pass —
tell me — surely you can say …

… Grey, impervious grass.
Don't lie — time drips from the combs.
Then what's left of you
for me? Well, of course. Of course.

Улитка — это вам не хвост собачий
в репьях, рубцах, щетине беззащитной,
угодливо-вертляво-торопливый,
улитка — зверь, по сути, не горячий
и терпеливый.

И дом на ней. И если дом запущен,
она наводит медленный порядок,
лавируя в траве среди тетрадок,
ботвы, осколков и кофейной гущи,
полна отгадок.

Божественно, по собственной охоте
она пейзаж меняет, воздух, лица,
и если начинает горячиться,
искрить, сметая все на повороте, —
то дом — в полете.

Он был давно запущен, он летит
над грядками, над островом Итака,
над морем, где с причала без обид
восторженно следит за ним собака.

The snail's no business for a dog with its wagging tail
covered in burrs, scars and defenseless bristles
restless, rushing, eager to please —
the snail is, in essence, a placid,
patient beast.

Atop her is her home. And if her home's neglected,
she puts it in slow order,
maneuvering in the grass amidst the coffee grounds,
vegetable tops, odds and ends and papers,
her remedies are sound.

Divinely, according to her own desire,
she alters the landscape, air, faces,
and if her passion begins to rise,
to spark, sweeping everything aside —
her home takes flight.

So long neglected, now it's soaring
over Ithaca's island, over vegetable patches,
over the sea, where, unoffended, from its mooring,
a dog watches as it goes, enraptured.

Волна взревела и окаменела
нависла и накрыла пустоту
гудит ее изогнутое тело
горят обломки-брызги на свету

Но сжатый в ней огонь на пораженье
и свист пустот расплющенных видны
лишь пене продолжающей скольженье
по внутренней поверхности волны

И пена — трепетные хлопья раздувая
въезжает в метахимию огня
пока остывший свет разогревая
как сумасшедшая родня
удерживает внешняя кривая
от лишнего движения — меня

A wave bellowed out and turned to stone
hung suspended and covered empty space
its bent-over body makes a buzzing drone
In the light slivers of splashes burn

But artillery fire compressed inside
and the whistle of flattened empty spaces
are evident only to the foam continuing its slide
down the wave's inner surface

And blowing anxious flakes the foam
runs head on into the metachemistry of fire
and re-heating cooled-down light
like some crazy relation
its outer curve
curbs my superfluous motion

Отсутствие метафор видит Бог.
Он всякое безрыбье примечает.
Листая, Он скучает между строк,
А то и вовсе строк не различает.

Но если лыком шитая строка
Нечаянно прозрачно-глубока,
Ныряет Бог и говорит: «Спасибо».
Он как Читатель ей сулит века
И понимает автора как Рыба.

God sees the absence of metaphor.
He notes the empty sea-bed.
His interest wanes between lines,
The lines run together, He loses the thread.

But if a crudely-crafted line
is accidentally transparent and profound
God dives in with gratitude.
As Reader he holds centuries in store
As Fish he understands the author.

[ГЛЯДИ НА МЕНЯ НЕ МИГАЯ]

Гляди на меня не мигая
Звезда говорила звезде
Мы точки моя дорогая
Две точки в вечерней воде

Трап лодочной станции
Лето
Зрачками присвоенный свет
Две точки
Но этого света
Им хватит на тысячи лет

Look at me unwinking
Said star to star
We're points my dear
Two points in evening water

The boat ramp to the pier
Summer
Light captured by eyes
Two points
But for thousands of years
This light will suffice

Translated by Margo Shohl Rosen

[ЧТО ОБРАДУЕТ ЗРЕНЬЕ]

Что обрадует зренье? Узор ли извилистых линий —
птиц свободных паренье над сумрачной водной пустыней,
или лиственный лес, наделённый способностью мыслить?
Не пугайся чудес, ибо их невозможно исчислить.
Что останется слуху? Листвы человеческий шелест —
зов иного пространства для рыбы, идущей на нерест,
или голос любви, отвечающий призракам грозным,
что молчит псалмопевец и хлебом питается слёзным.
Что мы ставим на карту, с судьбой состязаясь сердитой?
Мы богиню Астарту упрямо зовем Афродитой.
Среди ветхих костей тает сердце, подобное воску,
от небесных властей получившее небо в полоску.
Мы уже понимаем, скитаясь под облачной сенью,
что предмет не умеет соперничать с собственной тенью,
что в измученном мире, где жизнью за слово платили,
царь Давид просыпается, трогая струны Псалтири.
Звук нагой и прекрасный в одежде из птичьего гама
поднимается вверх, словно сладостный дым фимиама,
а певец остается лежать на холодной постели
и в груди его голос, как свежая рана на теле.

[WHAT WOULD GLADDEN THE SIGHT]

What would gladden the sight? The pattern of sinuous lines —
birds at liberty soaring over the murky abyss,
or the leafy woods, richly endowed with the power of thought?
Don't be afraid of miracles, since they are countless.
What would be left for hearing? The rustle of human leaves,
the call of a different void, for the fish going off to spawn,
or the voice of love, answering menacing specters,
or the silence of the psalmodist, who lives on the bread of tears.
What is at stake for us, contending with angry destiny?
We insist on calling the goddess Astarte — Aphrodite.
Between decrepit bones, the heart is melting, like wax
that from some heavenly power received a strip of sky.
Wandering under the light clouds' canopy, we already knew
that an object is no match for its own shadow,
that in this tormented world, where you pay with your life for a word,
King David is awakening, touching his Psaltery's strings.
Then in the garment of the uproar of birds
rises, like incense, a naked and beautiful sound,
but the singer is left in his cold bed,
the voice in his breast like a fresh wound.

Как морю сказал Господь:
«Здесь предел

надменным волнам твоим»,
так человеку сказал Господь:
«Есть предел у души твоей».
Как мелкий морской песок
лижут послушные волны моря,
так не сливается с воздухом
человеческая душа.
Есть человек, подобный засухе,
есть человек, подобный дождю,
который захватывает всё вокруг.
Есть человек, охраняющий свой очаг

и жилище.
Есть человек,

выбирающий жёлтые одежды.
Есть человек, создающий слова.
Слова ткутся, как тело младенца
из крови матери,
возникают,
как ледяная статуя Будды
из воды в подземной пещере.
Как дивное дерево

с широкошумными ветвями
вырастает из горчичного зерна, —

As the Lord said to the sea:
"Here is the limit
       to your arrogant waves,"
so the Lord said to man:
"There is a limit to your soul."
As the obedient waves
lap the sand of the shore,
so the soul of man
cannot merge with the air.
There is a man who is like a drought,
and a man who resembles rain
that spreads throughout.
There is a man protecting his hearth
            and home.
There is a man
      selecting yellow clothes.
There is a man who creates words.
The words are woven like the body of an infant
from the blood of the mother,
emerging,
like the ice statue of Buddha
forming from water in a cave deep under ground.
Like a marvelous tree
      with broad, swishing boughs
sprung from a mustard seed —

так вырастает из слова
новый мир, склоняющий голову
                        перед Господом.
Господи, прими слово мое
как покаяние души моей.
Господи, прими слово мое
как обет вечно служить Тебе.
Господи, прими слово мое —
и пусть растает оно
в лучах Твоей славы.

so from a word

springs the new world, that bows its head

                              before the Lord.

O Lord, accept my word

as my soul's repentance.

O Lord, accept my word

as a vow to serve You all my days.

O Lord, accept my word —

and may it melt

in the rays of Your glory.

Кто в воздухе жилья, как в коконе прозрачном,
на кухне режет хлеб и чайник кипятит?
А бабочка летит на свет в окне чердачном,
а бабочка летит, а бабочка летит.

Ночь достает звезду и лунным светом плещет
из старого ковша на почерневший лес.
А бабочка летит, а бабочка трепещет,
у светлого окна почти теряет вес.

Кто отпустил ее в роскошном платье бальном
лететь на этот свет, сияющий в ночи?
Но вспыхнет новый луч в окне полуподвальном —
поставит на окно ребенок три свечи.

Пей свой остывший чай, томись о беспредельном,
тебе смотреть на свет никто не запретит.
Тьма за твоим окном обшита швом петельным …
А бабочка летит,
          а бабочка летит …

Who with this air of routine, as if in a transparent cocoon,
cuts the bread and sets the pot to boil in the kitchen?
And a butterfly flies toward the attic window's light,
a butterfly is flying, a butterfly is flying.

Night fetches a star and splashes moonlight
from an old ladle onto the darkening woods.
And a butterfly is flying, a butterfly is trembling
at the bright window, almost weightless.

Who set it free in its luxuriant ball dress
to fly toward this light shining in the night?
But a new ray blazes up from the cellar window,
where a child sets three candles in a row.

Drink your tepid tea, languish about infinity,
nobody forbids you from looking at the light.
The darkness outside is sewn tight, with a looping stitch …
But a butterfly is flying,
                    a butterfly is flying.

Снова звук золотой из молчанья возник
и звенит в тишине, опасаясь повтора.
Я не слышу его — потому что должник
избегает дверей своего кредитора.

    Как блестят куполов золотые холмы
    и качается колокол звуков протяжных!
    Сколько слов я брала у пространства взаймы,
    сколько рифм у воды, по-русалочьи влажных!

А теперь я молчу, потому что вокруг
мной любимые души проходят мытарства …
Как долги отдавать, если к старости вдруг
опустела казна моего государства?

The golden sound emerges from the silence once more
and rings out, avoiding repetition.
I don't hear it — since the debtor
shies away from the creditor's door.

    How the golden hills of the cupolas shine
    and the peal of swinging bells goes on and on!
    How many words I borrowed from space,
    how many rhymes from water, mermaid-moist!
And now I am silent, because all around me,
the souls I love best are undergoing torment.
How to pay my debts, if close to old age, suddenly
I find my State Treasury empty?

Чуть колеблется воздух счастливый —
золотое игралище ос,
и песок под зыбучею ивой
ключевою водою зарос.

И луча световая дорожка
пролегает в цветочной пыли,
и в озера цветного горошка
деловито ныряют шмели.

Что за праздник для зренья и слуха!
И рождается снова во мне
слово — легче лебяжьего пуха,
тяжелее, чем камень на дне.

The barely vibrating joyful air
is a golden plaything for the wasps,
and the sand under the trembling willow
is soaked in spring water.

The pollen glows in the path
of the luminous rays
and the bumblebees plunge efficiently
into the lakes of the blooming sweet peas.

What a feast of sight and sound!
And the word is reborn
in me, lighter than swan's down,
heavier than a sunken stone.

Translated by Galina Detinko and Judith Hemschemeyer

СЕРГЕЙ ГАНДЛЕВСКИЙ

[ФАЛЬСТАФУ МОЛОДОСТИ Я СКАЗАЛ «ПРОЩАЙ»]

Фальстафу молодости я сказал «прощай»
И сел в трамвай.
В процессе эволюции, не вдруг
Был шалопай, а стал бирюк.
И тем не менее апрель
С безалкогольною капелью
Мне ударяет в голову, как хмель.
Не водрузить ли несколько скворешен
С похвальной целью?
Не пострелять ли в цель?
Короче говоря, я безутешен.

[I SAID FAREWELL TO THE FALSTAFF OF MY YOUTH]

I said farewell to the Falstaff of my youth
And took my seat on the bus.
By some evolutionary process
I turned from playboy into lone wolf.
And nonetheless April
With its non-alcoholic drops
Still pounded my head like schnapps.
Should I hang up some birdfeeders
Aim for a laudable goal?
Or should I just aim and fire?
Long story short, I will not be consoled.

Мама чашки убирает со стола,
Папа слушает Бетховена с утра,
"Ножи-ножницы", — доносится в окно,
И на улице становится темно.
Раздаётся ультиматум "марш в кровать!" —
То есть вновь слонов до одури считать,
Или вскидываться заполночь с чужой
Перевёрнутой от ужаса душой.
Нюра-дурочка, покойница, ко мне
Чего доброго пожалует во сне —
Биографию юннату предсказать
Али "глупости" за фантик показать.

Вздор и глупости! Плательщики-жильцы
При ближайшем рассмотреньи — не жильцы.
Досчитали под Бетховена слонов
И уснули, как убитые, без снов.
Что-то клонит и меня к такому сну.
С понедельника жизнь новую начну.
И забуду лад любимого стиха
"Папе сделали ботинки …" — ха-ха-ха.
И умолкнут над промышленной рекой
Звуки музыки нече-лове-ческой.
И потянемся гуськом за тенью тень,
Вспоминая с бодуна воскресный день.

Mama clears the table after dinner,
And Papa listened to Beethoven since daybreak.
The knife-sharpener's cry — "knives, scissors!" —
Slips in through the window. It's getting dark.
You hear the ultimatum — "off to sleep!" —
Which means, count sheep until you go nuts,
Or after midnight, leap out of your sheets
In terror, your strange soul turned inside-out.
Silly Niura, dead one, bestow on me
Something good in a dream —
For this young biologist, a prophesy,
Or for a penny, just show me what you got.

It's all naked nonsense. These rent-payers,
I now can see, no longer reside in this world.
We counted sheep to Beethoven records
And fell asleep without dreams, like the dead.
Yet something pulls me into such a dream.
On Monday, I will begin a new life,
Forgetting the rhythm of my favorite poem:
"They made new boots for my dad ..." lie-la-lie.
And over the industrial river
The sounds of an inhuman music will drown.
Dragging our shadows behind us, hung over,
We glance back to that Sunday afternoon.

Ржавчина и желтизна — очарованье очей.
Облако между крыш само из себя растет.
Ветер крепчает и гонит листву взашей,
Треплет фонтан и журнал позапрошлых мод.

Синий осенний свет — я в нем знаю толк как никто.
Песенки спетой куплет, обещанный бес в ребро.
Казалось бы, отдал бы все, лишь бы снова ждать у метро
Женщину 23-х лет в длинном черном пальто.

Such rust and pale yellow — I delight in this scene.
Between the roofs, a cloud grows out of itself.
The wind gathers, and drives the leaves by their scruff,
Scuffs a fountain, riffles an old fashion magazine.

Like nobody else, I know this blue light of autumn.
My couplet's been sung. Yet within my ribs a promised demon.
It would seem like I've just given up, except that I'm waiting again
For a twenty-something woman in a long black coat.

“Или-или” — “и-и” не бывает.

И, когда он штаны надевает,

Кофе варит, смолит на ходу,

Пьёт таблетки, перепроверяет

Ключ, бумажник, электроплиту

И на лестницу дверь отворяет,

Старый хрен, он уже не вздыхает,

Эту странность имея в виду.

Either/or. Both/and doesn't happen.
And, when he puts on his pants,
Heats up the coffee, smokes on the go,
Takes a pill, checks and rechecks
For his key, his wallet, and the stove,
And opens the door to the stairs —
The old fogey, he already longs
For nothing, that is, this strangeness.

Л. Р.

Выуживать мелочь со дна кошелька

Вслепую от блеска заката

И, выудив, бросить два-три медяка

В коробку у ног музыканта.

И — прочь через площадь в закатных лучах

В какой-нибудь Чехии, Польше …

Разбитое сердце, своя голова на плечах —

Чего тебе больше?

To Lev Rubinstein

To fish around for some coins in the hole of a pocket
Blind from the brilliance of sunset
And having fished it out, to throw a couple of coppers
Into the box at a musician's feet.
And head off through the square bathed in twilight
In some place, like Prague or Poland.
The pounding of a heart, your head on straight —
What more could you want?

Translated by Philip Metres

ВЛАДИМИР САЛИМОН

[ИЗ РАЙСКИХ ЯБЛОЧЕК ВАРЕНЬЕ]

Из райских яблочек варенье
горчит слегка —
последствие грехопаденья,
наверняка.

Мотив изгнания из рая:
калитку в сад
захлопнешь, не подозревая,
что боле нет пути назад.

[JAM FROM PARADISE APPLES]

Jam from Paradise apples
has just a trace of gall —
surely a consequence
of the Fall.

An "exile from Paradise" motif:
you slam the garden gate,
never guessing there's no way back —
but it's too late.

Деление приводит к умножению,
так всякой живностью кишмя кишит река,
но склонность мотыльков к самосожжению
по-прежнему довольно велика.

Достаточно обзавестись фонариком,
по саду полуночному пройтись,
заметить все же, будучи очкариком,
и, близоруко вглядываясь в высь,

что мотыльки на землю так и валятся,
на землю с шумом сыплются с небес.
Мирьяды звезд при этом глупо скалятся.
Горит костер. Вдали темнеет лес.

Division leads to multiplication,
so the river swarms with every creature and its mate,
but the tendency of moths to immolate themselves
is the same as ever — more or less great.

All it takes is a flashlight and a stroll
around the garden late at night,
to see, nearsightedly blinking
through your glasses at the sky,

how moths keep sifting from the heavens,
collapsing with a sigh on land.
Myriads of stars stupidly flash their grins.
A bonfire burns. Far off, the dark woods stand.

Еще немного постареет
и без того уж Старый Свет
и наконец окаменеет,
как древних ящеров скелет.

Занятно будет сопоставить
с объемом черепа длину
хвоста, детишек позабавить
я лишний раз не премину.

Я укажу на несуразный
размер гигантских челюстей,
оскал эпохи безобразный,
пожравшей всех своих детей.

Given just a few more years,
the Old World will finally turn to stone
(although it's plenty old already),
like ancient, giant lizards' bones.

It'll be fun then to see the lengthy tail
compared to its tiny skull —
I certainly won't miss the chance
to keep the kids from feeling dull.

I'll point out the absurdly sized
gigantic jaws, its now still grin,
the bared teeth of a hideous age
that devoured all its children.

Тут круговерть листвы багровой
во мраке над пустыней снежной,
а там — над ямой оркестровой
паренье палочки волшебной.

Чудак за пультом дирижерским
меня, быть может, поражает
не столько мастерством актерским,
как и кого изображает.

Он изумляет не высоким
искусством перевоплощенья,
а чем-то, в сущности, далеким
от индустрии развлеченья.

Here are swirls of crimson leaves
in the gloom of a snowy steppe,
and there — a hovering magic wand
above the orchestra pit.

The freak behind the podium
impresses most, perhaps,
not so much with his acting skill,
as whom he enacts.

It's not so much his lofty art
of transformation that amazes,
as something essentially removed
from the entertainment business.

Хотя война лягушек и мышей
как будто не имеет продолженья,
но поздней ночью шорох камышей
не будоражит ли воображенья?

А на заре, когда в траве густой,
в прибрежных дебрях слышу чьи-то стоны,
я, несмотря на творческий застой,
пишу письмо министру обороны.

Я жалуюсь ему на все подряд:
на скверный климат, мерзкую погоду,
на ржавый допотопный земснаряд,
что только мутит понапрасну воду.

О чем попало я пишу ему,
казалось бы, в конец расстроив лиру,
но потихонечку свожу все к одному,
по существу —
к войне и миру.

Although the war of frogs and mice
seems to lack continuation,
doesn't the whisper of reeds at night
stir something in the imagination?

And then at dawn, when groaning comes
from the shoreline where the grass is dense,
I, despite my creative decay,
write to the minister of defense.

I complain about one thing after another:
the horrible climate, the lousy weather,
the rusty antediluvian dredger
that just stirs up and fouls the water.

I write him whatever comes into my head,
my grating notes no longer please,
but I'm secretly getting to one main point —
which is, in essence, war and peace.

Цивилизация задела по касательной
и хмурый лес в морозной дымке,
и псину в позе выжидательной
неподалеку от тропинки.

Она учуяла таящихся
волчат в непроходимой чаще,
лисят, в кустарнике резвящихся,
поскольку ничего нет слаще,

чем безмятежное младенчество,
чем детство, отрочество, юность,
чем тунеядство, иждивенчество,
безнравственность и бескультурность.

Civilization grazed glancingly
against the forest brooding in its frosty pall,
and glancingly against the darling pup
wagging expectantly just off the trail.

She scented wolf cubs hiding
inside impenetrable thickets
and fox kits playing in the bushes,
since there's nothing more delicious

than unrebellious infancy,
childhood, adolescence, youth,
to be a sponge, dependent,
immoral and uncouth.

Translated by Margo Shohl Rosen

[В ДЕВЯТЬ ВСТАВАТЬ, А В ОДИННАДЦАТЬ ЛЕЧЬ]

В девять вставать, а в одиннадцать лечь,
под сугроб одеяла, спустившись вовнутрь …
Но я бы хотел перед тем, как утечь,
прихватить хоть какую-то мелкую утварь.

Ведь не знаешь, проснешься ли, где и когда,
может, здесь, на простынке, а может, в подвале,
где со стен протекает гнилая вода,
где тебя понятые отыщут едва ли.

В черновой домовине из гнутых досок
или в рощице хилой на жесткой скамейке,
вот тогда пригодился бы спальный мешок,
и квадратный фонарик с одной батарейкой.

Лег в России, проснулся в иных рубежах,
на чудных миражах, где остыла шамовка,
из которых, конечно же, не убежать,
но попробовать можно, коль взята ножовка.

Но попробовать нужно. Как палый листок,
улететь, хоть и некуда, вроде, деваться …
Но если, конечно, тебя встретит Бог,
то можно, пожалуй, и там задержаться.

[GET UP AT NINE, GO TO BED AT ELEVEN]

Get up at nine, go to bed at eleven
beneath the blanket's snow drift, descending within …
But before I flow away, I would like to grab
at least, some few, fine implements.

See, you don't know if you'll wake, or even when or where,
maybe here on the coverlet, or in the basement, maybe,
where putrid water oozes from the walls
where witnesses are unlikely to find you.

In a homemade hut made of bent wooden boards
or on a rough hewn bench among blighted trees,
a sleeping bag then would come in handy,
and a square flashlight with a single battery.

You lay down in Russia, awoke in foreign lands
to monstrous mirages, where the grub congealed,
from which, of course, you can't run away,
but if you're holding a hacksaw, it's possible to try.

But you have to try. Fly away like a fallen leaf
Though it seems that you can only go nowhere
But if, of course, God should greet you,
For a while you can stay there.

Война выходит из сырых щелей
и из дубовых письменных столов.
Она сидит в чулане меж вещей,
на дне мензурок, в толчее голов.

    Ей брат — охотник, что, теряя хлыст,
    встаёт с постели, волосат, как вепрь.
    Ну а тебе быть сорванным, как лист,
    лететь в пустыню, где гуляет ветр.
Где чёрный груздь во тьме лесополос
желтеет до разбрасыванья спор,
где на коряге всё сидит Христос
и с дьяволом не кончит разговор.

War comes out of raw cracks
and from oaken writing desks.
She sits among objects on larder racks,
at the bottom of cooking cups, in heads pressed together.
    Her brother is a hunter who lost his whip
    and got out of bed hairy like a wild boar.
    You'll get plucked like a leaf, ripped,
    and fly to the desert where the wind wanders.
Where, in the forest belt's dark fog,
a black mushroom scatters spores and shrivels
where Christ still sits upon a log
and won't end his talk with the Devil.

Март. Иисуса встречают вениками из верб.
Солнце, пробив гардины, цепляется за косяк.
Ты нырнул со скалы в метро и увидел в ладони герб,
потому что до этого в ней зажимал пятак.

И в отсутствие Бога если вдруг заглянёшь
под свои же рёбра, словно на простыне,
ты увидишь подобный оттиск, но его не поймёшь,
допуская, что Бога не существует вовне.
Верю в сводку погоды больше, чем Нострадамуса.
Всё в природе разумно. Лишь свойства гипоталамуса
вызывают волненья, и то лишь в научных кругах,
и принцесса храпит на подсунутых кем-то бобах.

До метро идти через пруд, раскалывая в голове,
сколько метров ты сэкономил и сгоношил.

И в морозы без веры пройдя по твёрдой воде,
ты понял, что равен Богу, и очень крепко запил,
ощущая, что с точки зренья Большой истории
твой путь, очевидно, не стоит чернил.
Но с точки зрения комнатной её доли
тот его оценит, кто проходил,
вместе с тригонометрией, пением, чертежом инфузории
гаражи, сугробы, надписи на латинском
в подъезде мелом. Твоя история —
это всё, что вычеркнуто летописцем.
… К полудню лёд обугливается, как бумага.

March. They greet Jesus with pussyswillow switches.
The sun, breaking through the drapes, clings to a jamb,
you dove into the metro, saw an imprint on your hand
because you had just been squeezing five kopeks.

> And in the absence of God, if you suddenly should glance
> beneath your ribs, as if looking at a sheet,
> you will see a like imprint, but you won't understand it,
> given God does not exist outside of it.

I believe in the weather report more than in Nostradamus.
All in nature makes sense. Only the properties of the hypothalamus
cause anxiety and only for scientific circles,
and the princess snores on the peas someone shoved underneath her.

> To get to the metro, go over the pond, cracking in your brain
> how many meters you saved, or fussed away,
> and, in the freezing cold, walking hard water without faith,
> you understood that you equaled God and took to drink that day,

perceiving, from the point of view of History,
that your destiny, it seems, isn't worth the ink.
But from the point of view of domesticity
the one who passed though it will judge it

> along with infusorian diagrams, singing, trigonometry,
> garages, snowdrifts, inscriptions in chalk
> and Latin at the gate. Your history
> is everything the scribe crossed out.

… Towards midday, the ice chars like paper.

Снег, словно жжённый сахар, размешивается ручьём.

В продовольственном чудо, — мороженая навага

оживает в сломанном холодильнике, чтоб нырнуть под сливной бачок.

До конца пятилетки ещё лет пятнадцать-двадцать.

Генеральный молчит, но на звук поднимает бровь.

И, преуспев в социалистической кооперации,

превращает воду в вино, — "Каберне" и "Медвежью кровь".

Snow, like burnt sugar, is stirred by a stream.

In the groceries a miracle — the frozen snapper

comes to life in the busted icebox to dive down a drain.

       Fifteen or twenty more years till the end of the five-year plan.

       The General Secretary is silent, but lifts a brow up at a sound.

       And, having succeeded in Socialist cooperation,

       Turns water into wine, Cabernet and Bear's Blood.

АПОРИЯ

Ты денег заработал немало,
много денег заработал,
но их всё равно мало.

    Ты женщин знал немало,
    много знал женщин,
    но их всё равно мало.

Молитв знал мало,
наизусть — вообще крохи,
но их всё равно много.

You made a bit of money;

You made a lot of money.

Anyway, it's not enough.

> You knew a few women;

> You knew a lot of women.

> Anyway, they're not enough.

You knew few prayers,

By heart — crumbs indeed.

Anyway, they're more than enough.

Translated by Larissa Shmailo

ЕВГЕНИЙ БУНИМОВИЧ

[Я ВСЕ ЕЩЁ КАЖДОЕ УТРО]

я все ещё каждое утро мою лицо и яйца
я все ещё каждое утро чищу ботинки и зубы
я все ещё каждое утро хочу одолеть пространство

я всё ещё каждое утро открываю почтовый ящик
там нет ни газет ни писем я открываю почтовый ящик
на бумаге верже мне предлагают продать квартиру
купить шампунь с бальзамом в одном флаконе
и посетить фестиваль иисуса на стадионе динамо

я всё ещё каждое утро иду по большой садовой
по заслугам по памяти по цельсию по фаренгейту

я всё ещё каждое утро открываю в классе фрамугу
говорю доброе утро называю тему урока
я всё ещё знаю как доказать теорему лагранжа
лемму коши-вейерштрасса и правило лопиталя

бёссель
неравенство
это звучит гордо

я всё реже и реже ставлю точку тире запятую

[TO THIS DAY EVERY MORNING]

to this day every morning i scrub my face and balls
to this day every morning i brush my shoes and teeth
to this day every morning i want to surmount space

to this day every morning i check the mailbox
no newspapers no letters i check the mailbox
an offer on parchment to purchase my apartment
for 2-in-1 shampoo plus conditioner
for the jesus fest at dynamo stadium

to this day every morning i walk along the garden ring
by rights from memory in celsius in farenheit

to this day every morning i open the classroom transom
say good morning announce the subject for the day
to this day i know how to prove la grange's theorem
the cauchy-weierstrass lemma l'hôpital's rule

bessel
inequality
it has a proud ring

less and less often i insert periods dashes commas

я всё реже и реже
существую
психую
рифмую

less and less often i
exist
flip out
rhyme

Уже не страшно понимать, зачем твердят о Боге.
Приходит время убывать и нашего полку.
Продукт страны, продукт семьи, продукт своей эпохи
стою — завёрнут в целлофан с ценою на боку …

Ну что, кладбищенский алкаш, глядишь, орёл-стервятник?
Как я расту в твоих глазах … и дом мой … и друзья …
и этот плащ — нельзя глупей,
и пруд — нельзя квадратней,
и эта жизнь — нельзя длинней … нельзя длинней … нельзя.

It's no longer awful knowing why they go on about God.

The time is coming when our own ranks will thin.

The product of my country, my family, my time,

I stand wrapped in cellophane with a price stamped on my side.

Hey, graveyard drunk, what are you looking at, you vulture?

How I grow in your eyes ... and my home ... and friends ...

and this raincoat couldn't be more ridiculous,

and the pond couldn't be more square,

and this life couldn't be any longer ... any longer ... couldn't be.

Бьют часы наугад,

на дворе то светло то темно,

выдыхаешься сразу,

сто лет дожидаешься вдоха …

Бьют часы наугад …

Как ни глянешь в окно —

то светло,

то темно,

то одна,

то другая эпоха

отражается в луже,

которая не без подвоха,

потому что в ней небо не отражено.

Бьют часы наугад,

и пространство вступает в игру …

Как ни глянешь в окно —

тополя, купола да канавы,

Как ни глянешь в себя —

маета

да желание славы,

да похмелье в чужом,

состоявшемся завтра пиру,

в общежитии театра,

в районе Рогожской заставы

бьют часы наугад,

The clock strikes at random,
outside first it's light, then dark,
instantly you're out of breath
and wait a lifetime to inhale …
The clock strikes at random …
When you look out the window —

> first light,
> then dark,
> first one,
> then another era

reflected in a puddle,

> that doesn't play fair,

since the sky is not reflected there.
The clock strikes at random,
and space joins the game …
When you look out the window —

> poplars, domes and ditches.

When you look inside yourself —

> agitation
> hunger for fame,

and the hangover from
someone else's future bender
in the actors' dorm
at Rogozhskaya zastava,
the clock strikes at random,

приближается вечер к утру …

Приближается солнце к окну,

валит снег вперемежку с дождем,

проясняется если не время,

то место.

Узнаю широту,

на которой рожден,

эту блажь,

эту дурь,

это вечное —

лезть на рожон,

узнаю долготу —

помесь оста и веста,

эту царскую водку,

и кончится чем —

неизвестно …

evening draws near to morning ...
The sun draws near to the window,
snow comes down and then rain,
the place clears up if not

           the time.
I recognize the latitude

           where I was born,
it's whimsy,
it's nonsense,
it's eternal —

        kicking against the pricks,
i recognize the longitude,

          a hybrid of Ost and West,
this aqua regia,
and how it will end

        no one knows ...

хокку раз
всего три строки
из коих прожиты две
так и жизнь пройдёт

хокку два
семнадцать слогов
из коих осталось пять
остался один

хокку три
вот и жизнь прошла
а это так Хокусай
во саду камней

haiku one
just three lines in all
of which two are already spent
so life will pass by

haiku two
seventeen syllables
of which five still remain
only one remains

haiku three
so life has passed by
and it's all so Hokusai
in the rock garden

собирающий скрепки

вытирающий пыль

закрывающий ящик

задвигающий стул

надевающий шляпу

достающий ключи

отключающий воду

вырубающий свет

проверяющий время

запирающий дверь

поправляющий галстук

вызывающий лифт

нажимающий кнопку

уезжающий вверх

развивающий скорость

выжимающий газ

выпускающий воздух

заглушающий звук

нажимающий кнопку

наблюдающий взрыв

провожающий взглядом

исчезающий мир

picking up paper clips
wiping away dust
closing the drawer
pushing in the chair
putting on the hat
fishing for the keys
turning off the water
shutting off the lights
checking the time
locking the door
fixing the tie
summoning the elevator
pushing the button
going up
picking up speed
hitting the gas
letting out air
muffling sound
pushing the button
watching the blast
trailing gaze
vanishing world

Translated by Patrick Henry

(ОБЫВАТЕЛЬСКОЕ)

жизнь предметов пристальней жизни проживающих в доме
они терпеливо дожидаются когда мы научимся счастливо жить
протирание пыли — первая из добродетелей кроме
добродетели выжить когда уже незачем жизнь потрошить

оцепенение исповедуется ими во избежание разовой смерти
потому бессмертие — предмет непрестанных повседневных забот
каждая разбитая чашка влечет за собой колебание тверди
по причине образования незаполнимых онтологических пустот

чаепития продолжительней эволюции и совершенней истории
а вечерний просмотр телепередач неминуемей грядущего небытия
ожидаемый апокалипсис не состоится в заданной директории
заигранный телерепортажами и лишившийся звериного чутья

есть одна только данность — теплокровная цивилизация
и сколько хочешь изблевывай ее из своих запечатанных уст
страшный суд не страшнее чем засорившаяся канализация
или холодильник утробные молитвы бормочущий когда пуст

так опровергаются домыслы перетолковываемого христианства
по которому жить — уже жертва
                                        и умереть — наипростейшая из жертв
катехизис ограничивается детализацией окружающего пространства
где наличие провидения — одна из второстепеннейших черт в

the lives of objects are more fixed than the lives of those who live in our house
they patiently wait for us to learn how to be happy
dusting off furniture is the greatest virtue, second only
to the virtue of hanging on when life has run its course

objects preach about the value of coma to avoid instant death
which is why immortality is the goal of endless everyday tasks
and every broken coffee cup causes the ground to shake
inasmuch as it forms bottomless ontological voids

teatime lasts longer than evolution and is more perfect than history
and the evening news is more inevitable than the end of time
the expected apocalypse will not take place in this directory
repeated news reports snuffed it and its animal instincts

there is only one given—warm-blooded civilization
and no matter how much you puke it out of your pursed lips
judgment day is not scarier than clogged sewage
or the empty fridge that mumbles guttural prayers

here is the refutation of a reinterpreted christianity
according to which life is already a sacrifice
                         and dying is the simplest sacrifice of all
the catechism is confined to the detailing of space around you
where providence is the most minor feature in

нескончаемом списке подробностей ставшего замыслом быта
с передоверенными предметам заботами о завтрашнем дне
эта мелкая вечность таким прилежаньем добыта
что способна еще симулировать жизнь на своем обитаемом дне

an unending list of everyday minutiae that became a project

along with our arrangements for the coming day which we delegate to objects

and this petty eternity is obtained with such labor

that it can still simulate life in this habitable pit

МУХА

все нитяное туловище мухи
нанизано на нервную систему
с моточком мышц, наверченных на брюхе,
и на подвесках лап поставлено на стену.

она несет свои простые мысли
и, может быть, свои большие чувства
так, если бы ее сомненья грызли
о смысле жизни, сложной и невкусной.

забравшись к мухе в ворсовые поры,
на ней живет микроб дизентерии,
он сам с собой ведет подолгу споры
о мерах пищевой санитарии.

а мы живем с тобою по соседству
от нежной мухи, мудрого микроба,
но как-то так нас приучили с детства,
что мы умней и сделаны особо.

и как бы ни была ты грандиозна,
почти трансцендентальна и прекрасна,
на эту муху смотришь ты нервозно,
хотя она нисколько не опасна.

the fly's entire woolen torso
is strung about her nervous system,
a spool of muscles wound around her belly,
she's placed upon the wall on pendant legs.

she carries her uncomplicated thoughts
and also, perhaps, her noble feelings,
as if she is consumed by questions
about the meaning of a hard, untasty life.

a dysentery germ crawled under
her rug-like skin, and now he resides there;
food safety is a deep concern to him,
and he debates the subject at great length.

we're close neighbors to the gentle fly,
as well as to the old, sagacious germ,
but somehow we've been taught from childhood on
that we are smarter, of superior design.

so it is, then: no matter how impressive
you may be — almost transcendental, gorgeous —
the look you give this fly is apprehensive,
although she isn't dangerous in the slightest.

и ты берешь вчерашнюю газету
с трухою освещенных в ней событий,
и убиваешь ею муху эту,
лишив ее предчувствий и наитий.

и сразу в комнату ворвался скорый поезд,
на стыке рельсов грохоча железно ...
а можно было жить, не беспокоясь,
и жить себе легко и бесполезно.

so it is, then: you take yesterday's paper,
with all the dust of the events discussed within,
and you proceed to murder this fly with it,
destroying all her hopes and premonitions.

an express train slammed into the room, full-throttle
and ominously clanged at every every crossing ...
but we could have lived without care or worry,
and lived effortlessly and without purpose.

(ПОРТРЕТ АВТОРА)

весна находится в стадии прачечной —
грязные груды зимнего белья
подтаивают, подмачивают в упаковке пачечной
нераспечатанные кварталы жилья.
это эстамп на глухой стене,
обрамленный в облупленную кривую форточку,
это мой глаз, поблескивающий внутри, во мне —
на сферической поверхности отражаешься ты, задрапированная
в прозрачную кофточку,
я располагаю жилплощадью от темени до кадыка,
остальным я сыт по горло, изоморфное строению
канализационного люка.
гигантским тоннелем прорыта моя рука
в толще кавказских хребтов, указательным пальцем нажимающая
на кнопку юга.
в моем автопортрете вы подниметесь на нужный вам этаж
в лифте, подключенном к гидравлическому сердцу.
в полушарии снов, где все время идет демонтаж,
незаметно откройте дерматином обитую дверцу.
по гостиничным коридорам уходя, завернитесь в тишину.
здесь нет указателей, и вы не вернетесь обратно.
вы увидите меня, подойдя к окну,
на улице уменьшенным тысячекратно.

spring is currently at the cleaners:
soiled heaps of winter linens
begin to melt, slightly wetting the city blocks
that are still in their laundry baskets.
here is a print on a featureless wall,
framed by a crooked windowpane with paint peeling,
here is my eye, glistening inside me —
its spherical surface reflects you, draped

                 in a transparent blouse;

my square footage extends from my forehead to my Adam's apple,
I am fed up with the rest, my throat is isomorphic to the structure

                       of the sewer.

my arm is dug out like a giant tunnel
through a Caucasian mountain range, my index finger presses

                   the button for south.

inside my self-portrait, you will reach the floor that you need
by an elevator plugged into a hydraulic heart.
enter the hemisphere of dreams, where there's demolition all the time,
softly open the vinyl-upholstered door.
wrap yourself in silence as you leave through hotel hallways.
there are no signs here, and you won't come back.
as you come up to the window, you will see me
on the street, scaled down a thousandfold.

в замерзшем воздухе твердеют облака
и невесомость, избегая веса,
срывается с высот в летейские луга —
смотри: вверху болтается оборванная леса.

тогда земля притягивает свет
и намагничивает этим светом окна,
встает моя жена, включает в спальне свет.
не топят. холодно. который час? четыре ровно.

ложится. гасит свет. во тьме под утро жидкой
фоточувствительное плавает пятно
и проявляет свет, влетающий в окно,
на негативе сна семейные пожитки.

как сквозь систему линз, пройдя сквозь толщу снов,
они сливаются в обуглившемся свете
в пейзаж взорвавшихся деревьев и кустов
под солнцем в полиэтиленовом пакете.

и в раскаленный свет запархивает моль,
и выпадает снег в закрытом помещении,
и, крик нагнав, крупицей станет боль,
и легкость возвратит при совмещении.

clouds harden in the frozen air
and weightlessness, evading weight,
falls from on high into the Lethean fields —
look up: a broken fishing line dangles.

then the earth's gravity pulls light
and magnetizes our windows with it.
my wife gets up, turns on the light. no heat.
it's cold. what time is it? it's four A.M.

she lies down. turns the light off. in the fluid dark
of early morning, a photosensitive spot drifts,
developing the light that flies into the window;
our stuff appears in the dream's negative.

as through a set of lenses, passing through
the thick of dreams, it fuses in the charred light
and forms a landscape of exploded trees and bushes
under the sun, inside a plastic bag.

a moth flits into sizzling, white-hot light,
and then it snows inside the locked apartment,
and pain will catch up with the scream, become
a grain, and return lightness at alignment.

Translated by Olga Livshin and Andrew Janco

НЕФТЬ

Жизнь моя на середине, хоть в дату втыкай циркуль.
Водораздел между реками Юга и Севера — вынутый километр.
Приняв его за туннель, ты чувствуешь, что выложены впритирку
слои молекул, и взлетаешь на ковш под тобой обернувшихся недр.

И вися на зубце, в промежутке, где реки меняют полярность,
можно видеть по списку: пары, каменюги и петлистую нефть.
Ты уставился, как солдат, на отвязанную реальность.
Нефть выходит бараном с двойной загогулиной на тебя, неофит.

Ты ли выманил девушку-нефть из склепа в сады Гесперид белым наливом?
Провод ли высоковольтный в купальню упал, и оцепенело кино?
Оседает труба заводская в чехле под направленным взрывом.
Нефть идет своим ходом глухим, вслед за третьим, которого не дано.

С этой нефтью, как с выпуклым зеркалом, — словно игры с орлом без
                                                     перчатки
ты качаешься — ближе и дальше — от клюва его увильнув.
Не дает разойтись на заблеванной, синей вагонной площадке.
И похожи, как две капли нефти, капля нефти, бассейн с хуссейном и Лувр.

Ты прошел эту стадию на цыпочках по указке аравийского властелина,
ведомый за волосы по отвесу, где выжить не предполагал.
Стоя на кадыке, а проверить — на точке плавления парафина,
ты вцепился в барана подземного и — ввинтил ему по рогам.

LADY OIL

My life's in the middle though you punch the date with dividers.
The watershed between South and North Rivers is a kilometer wide.
Accepting it as a tunnel, you sense that layers of molecules have been laid out
close together and you take off on a bucket of the wheeling underworld ride.

Hanging onto a cog in the gap where the rivers change their polarity,
you can see by the list: fallow land, stone colossi, oil in bights.
You're fixed, like a soldier, face to face on unleashed reality.
Oil comes out at you like a ram with a double twist, *neophyte*.

Did you seduce the oil-maiden out of a crypt into the Hesperides Gardens
with a golden delicious? Did a high voltage wire fall on the bath house and
the movie freeze?
Industrial pipe settles in casing under a controlled explosion.
Oil follows her own blind course after a third, which may not cr may be.

You swing back and forth, in and out, with this oil in a convex mirror
like with no glove on playing games with an eagle after ducking its beak's
manoeuvers;
doesn't let you run off on a puke-covered, navy blue, train carriage platform.
And alike as two drops of oil are an oil drop, a basin-*hussein* and the
Louvre.

You tiptoed through this stage by permission of an Arabian potentate
driven (your hair on end) to go where he didn't suppose you'd survive.

Как кувшины, в кладовую тьму уходя, острые ставят на ней пятерки,
ободками вещей в моей жизни запомнилась первая треть.
Скрыты убийцы, но ребристые палки, как неонки, оттеняют подтеки.
Пальцы Тюльпа бродят по моргу, тычут в небо и находят там нефть.

И когда она вышла на волю, применила с черня она онемение,
так светлеет песок под стопой и редеет после взрыва толпа.
Перебежки ракушек и вспышек под серпами затмения,
наползание почв крупным планом … И ты понял, куда ты попал …

Ты бы в бочке белил ее утопил, но ответил ей абсолютным безделием,
ты прервал свои поиски и отключил зеркала в непохожих вещах,
и пока она медленно шарит, подобно в Бермудах бессвязным флотилиям,
осторожно, как иглы меняют на шприцах в отхожих местах,

и пока она ставит баррель на баррель свои желтоватые башни,
и пока она на веревочке водит самонапрягающееся слепое пятно
серебристых хранилищ, схлопнувшихся в направлении внешнем,
и пока на изнанке твоей лобной кости она пробегает диалоговое окно,

и пока ее пробуют пальцем татары и размазывают по скулам,
и цивилизации вязнут в ней, как жучки, попавшие в интернет,
пока мы приклеиваем лепестки на носы, валяясь по нефтью залитым
     скалам,
и пока постель наша пахнет нефтью, что — удвоенный бред,

и пока в длинном платье, с высокой прической ты похожа на ложку —
так наивно срисую, — пока чувствуешь под каблуком нефтяной запас,
пока царствуешь, злясь на себя, существуешь, царапаешься немножко, —
разновес расстояний — в пользу нефти, разделяющей нас,

Holding Adam's apple but checking paraffin's melting point,
you seized the underworld ram by the horns and twisted them tight.

As pointed pitchers on their way to the storeroom all give her A's,
the first third is recalled by the thin edges of things in my life.
The killers are hidden but their rib-shaped sticks like neon tubes point up the
bruises.
Doctor Tulp's fingers walk over her face, poke the sky, and up there find oil.

When she came out in the world, she adopted the dumbness of handles,
so sand shines under a sheaf and a crowd thins after a bomb.
Cockles defecting, and flares underneath an eclipse in crescents,
the soil crawling off on a master plan.... And you know where you've landed.

You'd have drowned her in a bucket of whitewash but replied with absolute
idleness,
broke off your searches and disconnected the mirrors in dissimilar things,
and while she now slowly gropes like disconnected flotillas in the Bermudas,
cautiously, like needles exchanged for syringes in backwater places,

and while she stacks barrel on barrel for her yellowish towers,
and on a string leads her own self-tightening blind spot of silvery
storetanks flopped shut in an external direction,
and while on the inside of your frontal bone she runs a dialogue box,

and while Tartars test her with fingers and then rub their cheeks,
and civilizations sink in her like worms falling into the internet,
while we stick petals onto our noses as we slide down oil-covered cliffs,
while our bed smells of oil (a double mad streak),

там где реки друг к другу валетом слушают колокольцы Валдая,

пока сон заставляет жевать стекло, но следит, чтоб его ты не проглотил,

сердцевина Земли тебя крутит на вагонных колесах, сама собой не владея,

нефть подступает к горлу. Ее на себя тянет, к ней жмется прибрежный ил.

and while in a long dress (your hair in a beehive, you look like a spoon)
so straight I'll describe you — while you feel an oil reserve under your heel,
while you reign (mad at yourself), exist, scramble and scratch —
the weight set of distances — for the benefit of the oil which keeps us apart,

there where the rivers like each other's valet harken to bells of the Waldau,
while dream makes you chew glass but takes care you don't swallow,
the heart of the Earth wheels you round on its carriage out of control,
oil rises up in the throat. She draws all to herself; the coastal silt presses
closer.

Возможно, что в Роттердаме я вела себя слишком вольно:
носила юбку с чулками и пальцы облизывала, чем и дала ему повод.
С тех пор он стал зазывать к себе. И вот, я надела
дорогой деловой костюм и прикатила в его квартирку. Всю ночь
он трещал о возмужании духа, метафорах, бывших женах.
Как ошпаренная я вылетела на воздух.
Почему он, такой ни на кого не похожий и непонятный,
говорил об искусстве, с которым и так всё ясно?
На обратном пути я бы вырвала руль от злости,
но какая-то глупость идти на каблуках с рулем по дороге.

Perhaps in Rotterdam I behaved too freely,

wore skirt and stockings, licked my fingers, gave him an excuse.

After that, he began insisting on my coming over. So I put on

a high-end business suit and drove to his studio flat. All night

he babbled about the masculine mind, about metaphors and former wives.

Like someone scalded, I flew outside to the fresh air.

Why did he, incomprehensible and so unlike anyone else,

keep on about art where everything is so clear anyway?

On the way home I'd have ripped the steering wheel out in fury

but it seemed silly to be carrying it along the road in high heels.

ЛИМАН

По колено в грязи мы веками бредем без оглядки,
и сосет эта хлябь, и живут ее мертвые хватки.

Здесь черты не провесть, и потешны мешочные гонки.
Словно трубы Господни, размножены жижей воронки.

Как и прежде, мой ангел, интимен твой сумрачный шелест,
как и прежде я буду носить тебе шкуры и вереск,

только все это — блажь, и накручено долгим лиманом,
по утрам — золотым, по ночам — как свирель, деревянным.

Пышут бархатным током стрекозы и хрупкие прутья,
на земле и на небе не путь, а одно перепутье.

В этой дохлой воде, что колышется, словно носилки,
не найти ни креста, ни моста, ни звезды, ни развилки.

Только камень, похожий на тучку, и оба похожи
на любую из точек вселенной, известной до дрожи.

Только вывих тяжелый, как спущенный мяч, панорамы,
только яма в земле или просто — отсутствие ямы.

For years we've been walking in mud to our knees without thinking,
sucked into the slop and going on though its clutching is killing.

No outlines here to make out, and bag races — impossible
Like the Lord's trumpets, the funnels of slough are multiple.

As before, my angel, your evening rustle is dearest,
as before for you I'll keep wearing heather and leather —

but that's merely a whim provoked by a long-lasting flood plain
that's gold in the morning and at night, like a pipe, wood again.

Dragonflies and frail twigs shine with a velvet sheen;
on earth, in the sky not a path but only paths meeting.

In this stinking water what shows like a barrow-and-load
finds no cross, no bridge, no star, no fork in the road.

Only a stone like a storm cloud, and both resemble
a random point in space known by its tremble.

Only an oppressive, queer panorama like a deflated ball,
only a huge, earth hollow — or no hollow at all.

Translated by F. D. Reeve

[ИЗ ЗАПОВЕДЕЙ Я НЕ НАРУШАЛ]

Из заповедей я не нарушал
одну лишь «Не убий», и то случайно.
Поскольку мне везло необычайно,
я никого пока не убивал.
А так — и сотворил, и возжелал,
не соблюдал, и даже воровал!

И всё же, если приходил в отчаянье,
то не от чтенья сих постыдных строк,
а оттого, что милосердный Бог
не дал мне рог, бодливому балбесу,
чтоб я не стал во всём подобен бесу!

При всём при том,
при всём при том
хватает мне стыда
в косноязычных интервью
витийствовать всегда
о том, что мир погряз в грехах
и канул без следа!

И в интервью, и в сих строках,
и чокаясь в «Апшу»,
и даже в любострастных снах
я об одном блажу —
о том, как надо нам вести
себя и кровных чад,
о том, что надо нам блюсти,

[THERE'S ONE COMMANDMENT I DIDN'T EVER FLOUT]

There's one commandment I didn't ever flout —
"Thou shalt not kill" — how come? Can't really say.
Amazingly as things have gone my way,
So far I've not wiped anybody out.
You see, I've written stuff, shot off my mouth,
Gone overboard, and picked off lots of loot!
> Still, whenever I've had a depressing day
> It wasn't because I'd read these shameful words
> But because heaven's merciful Lord
Didn't give me a horn, butting boob that I am,
So I wouldn't wholly seem a g.d. ram!
> Given this and that,
> Given this and that,
> I've shame enough
> In tongue-tied interviews
> To preach off the cuff
> About the world wallowing in sin
> And going down without a trace!
In interviews, and what's herein,
Or raising a glass at the "Apshu,"
In dreams, too, where sex comes in,
I sing the same old tune —
> We have to check that we ourselves
> And all our blood relations
> Properly conduct ourselves

что надо соблюдать
всё то, что сам могу снести,
не более минут пяти,
от силы десяти!
Для пробы места нет на мне
и нет на мне креста!
Увы — хватает мне вполне
лишь страха и стыда —
чтоб говорить, чтоб голосить,
над милым прахом выть!

Я в скверне по уши давно,
но называть говном говно
имею право всё равно,
как это ни смешно!

In public situations,

Bearing everything that I can't stand

Five minutes or

At most ten!

I've got no sample you can try,

And no cross to my name!

Alas, what I have in full supply

Are fear and shame

To talk, to keen and cry —

And howl over love's remains!

I live in filth up to my ears

And though I have for many years,

It's still my right to call "shit" shit

Whatever you may think of it!

> *… богов певец*
> *Не будет никогда подлец!*
> Г.Р. Державин

Жил да был богов певец.
Пел он, пел и наконец
Оказался в полной жопе.
В этом скорбном хронотопе
Наш певец уж не поёт —
Тесно здесь для Каллиопы,
Не влетит сюда Эрот!

Посещать дыру срамную
Аонидам западло!
(Раньше задницу такую
Звали вечности жерло).

Аллегориею этой
Я хотел сказать о чём? —
Очень уж легко поэту
В наше время стать говном.

Иль бессмысленным глистом …

... a singer of heaven
will never be a villain.'

G.R. Derzhavin

Once there lived a holy singer,
Sang and sang until at last
He ended stuck up his own ass.
O sad eventuality!
Our singer couldn't use his voice —
Too tight a fit for Calliope,
No landing strip for flying Eros!

To this special privy part
The old Aonians paid respects
(For in those days an ass like this
Was called eternity's orifice).

What had I in mind to say
By my allegorical turn of words?
That in our time a poet can
Easily become a turd.

Or a senseless tapeworm.

Так что будь готов и зорок,
Прозревай сквозь гиблый морок!
Подтвердит любой проктолог —
Выход всё же есть!

So keep alert and vigilant,
Eyes open wide through all the crap!
As any proctologist will shout,
There's always a way out!

Это я-то несдержан?!
Да Господь с тобой, дорогая!
Ты б послушала, как я в нощи заклинаю
демонов злобы —

«Нельзя ненавидеть!
Нельзя презирать!
Нельзя никого никогда убивать!
Даже героев рекламного ролика «Дью»,
Даже создателей оного я не убью!!»
И действительно я оставляю в живых
И тех, и других!
И всех остальных.

И это ль не ангельское долготерпение,
Смирение, уничижение.

А ты говоришь …

I don't hold back?
O heaven help you, honey!
You ought to hear how every night I curse
the day's damned devils:

"No hating there!
No condescension!
Positively no killing nobody nohow never!
I wouldn't kill those heroes in the ad for Mountain Dew —
Not even the creators thereof, too!"
And in point of actual fact I let
Some here and some there
And all the others
Go on living.

Don't tell me that's not some kind of long-term angelic toleration,
Humility, self-deprecation.

Yet you say …

Translated by F. D. Reeve

ПЕСНОПЕНИЯ

I

Господи! Я напоминаю чуму,
ураган аравийский, тьму
Египетскую, фараонову лесть,
а ведь так говорила — петь Господу моему
буду, пока я есть!

Я с ладоней Твоих глотала Твой виноград,
мне казалось — сплошь зарифмован Твой вертоград
и Твоя запятая всего горячей, остра ...
И едва ли не Сам Ты — в летящем шелке до пят
прямо здесь стоишь — у самого моего костра!

... На меня поднимался самый мятежный полк,
и служил у меня на посылках матерый волк,
вечеряло небо со мной за одним столом ...
До сих пор шелестит этот вкрадчивый легкий шелк,
уходящий в лепет: лепет, переходящий в псалом.

Безымянный — чернел под моею ногой провал,
бессловесный, одетый в железо, полк бунтовал,
осажденный город падал, смертельно пьян, —
пока Ты не взял меня в руки, словно кимвал,
не ударил, словно в тимпан!

THE SINGING OF SONGS

I

My Lord! I am reminded of pestilence,
the Arabian storm, the blackening of the
Egyptian sky, the cajolery of Pharaoh,
but through it all I spoke thus — I will sing
to my God, while I still exist!

I fed on Your grapes from Your hands,
which seemed — absolutely rhymed to Your vineyard
and Your stumbling block aflame, like spice ...
And it was very nearly You, Yourself — who stood before me
in billowing silk down to the heels — at my own fire!

... A legion of rebels rose against me,
and my dispatches were relayed by an old wolf
the twilit sky sat with me at one table ...
Since then the insinuating rustle of billowing silk,
dissipates to murmurs: murmurs into a psalm.

Nameless, a darkened ravine met my step
speechless, clad in iron, the legion rioted,
the city fell, besieged, in an inebriated swoon —
until you took me in hand, like a cymbal
until you struck me, like a timbrel.

II

Ты меня узнавал по имени меж теней.

И покуда лыка не свяжут пять чувств, семь дней

и двенадцать месяцев — здесь, в ледяном снегу,

не сыскать ни белых ворон, ни вороных коней,

ни тем паче того, кого назвать не могу.

Я к нему приходила со всем юродством своим, тоску

украшая венком из ромашек, лесным «ку-ку»,

веселящим юность, вином обожанья, но —

Ты был с нами всегда на страже и начеку:

помнишь, я ему жизнь свою обещала, как ни смешно?

Ибо что обещать может хвощ полевой у порога зимы иль жердь,

даже если Твоя земля начинает светиться, сияет твердь

и ликует воздушный сгорающий окоем?

Пока ты меж нами не встал и вторую смерть

не привел, а первой умерли мы вдвоем …

III

Дождь со снегом заняты собственным ремеслом,

присваивая окрестность, задним числом

поминая красавиц, а те, выходя из игры,

превращаются в тучных замерзших теток — уже с веслом

никогда не встать им у водомета — там, на верху горы …

Все в упадке, крушенье. Знобит ледяное пальто.

Если, правда, я есть только то, что имею, то я здесь — никто

и огульное «нет».

II

You knew me by name among the shadows.
And until withies can bind, five feelings, seven days,
and twelve months — here, in the frozen snow,
there will be no white crows, no crow-black horses,
and all the more him, whom I cannot name.

I came to him with the innocence of a fool, decorating
anguish with chamomile twigs, a woodland "cuckoo,'
a frolicsome youth — glutted on wine, but —
You were with us always on guard and protective:
remember, I promised him my life, isn't it funny?

For what can flora or a lone post promise at winter's onset,
even if Your world begins to shine, a radiant,
burning periphery ethereal and exalted?
Until You stood between us bringing
a second death, we died the first together …

III

Rain and snow are going about their own craft,
spreading over the neighborhood as days of the past
commemorate beauty, but those, leaving the game,
transform into corpulent frozen hags — bearing oars
never gage yourself by their watermark — there, on peaks of mountains.

All is in decline, collapse. A shivering overcoat of ice.
If, it's true, that I am only what I have, then here I am — no one
and a resounding "no."

И сквозит в мое решето
синеватый морозный свет.

Сквозь меня мерцает молоденькая зима
и Господние праздники — Рождество, дома,
превращенные в ясли. Оттуда несется весть:
ты имеешь все то, что ты есть сама,
ты имеешь то, что ты есть!

And there is a draft of bluish frosted light
blowing through my sieve.

A fledgling winter flickers through me
and the holidays of my Lord — Christmas, home,
transformed into a manger. From there the word comes:
you have everything that you yourself are,
you have that which you are!

Вдруг увидеть: средь чужих дворов
и до самых петухов четвёртых
ты идёшь, и страшен твой покров.
Не безумье ль — крикнуть: "Будь здоров!" —
мёртвому? Но ты живой средь мёртвых.

Как тебе в той ледяной стране,
где уже — ни бури, ни измены,
ни стрекоз, ни лодок на волне?..
Иль ты столько думал обо мне,
что прорвал преграды и пелены?

Иль — по маловерью моему —
обольститель христиан усталых,
по ночам не спящих и во тьму
пялящихся — послан мне?.. Ему
сказано ж — на кровлях и в подвалах:

"Мы не лепим из подённых драм,
одиночеств, сумрака и братства
призраков. Не верим их дарам.
Лазаря мы не поём ворам.
И своих усопших по дворам
не гоняем заполночь шататься!"

To see suddenly: among strangers' courtyards
and before the final cock's crow,
that you walk, and your shroud is frightening.
Are you mad — as you call out "Be well!"
to the dead? But you're alive among the dead.

How do you fare in that glacial land,
with — no tempests, no betrayals,
no dragonfly, no boats on the waves?..
Or did you think of me so often
that you tore through restraints and veils?

Or, in keeping with my skeptical opinion,
was it the seducer of weary christians,
who lie sleepless through the night gazing into
gloom, who was sent to me? But he
was forewarned — on rooftops and in cellars:

"We do not mould from common drama,
from loneliness, from dusk, from the brotherhood
of specters. We do not believe in their gifts.
To thieves we do not sing of Lazarus.
And we do not hunt our wandering dead
through courtyards after midnight."

Мне об этом сказал философ: "Вы так
удивляетесь, а ведь при всех режимах,
чтобы Россия вовсе не развалилась, ее, как свиток,
увивают пелены связей нерасторжимых".

Вся — в любовях вечных и безответных,
вся в порыве, в буйстве, в стремленье, в тяге,
в тайнах, клятвах, кладах, словесах секретных,
взорах — через степи, вздохах — сквозь овраги.

Вся она, выходит, как бы сплошь — разлука,
ибо страсть ее — без отклика, роковая,
и стрела любая, пущенная из лука,
попадает мимо, каленая и кривая …

Этот любит ту, а та? А та — иного,
а иной — такую: в иноческое оделась.
Чтоб сверкал на всем пространстве воздуха ледяного
бескорыстно Эрос.

A philosopher once told me: "You seem so
astounded, yet you see in the face of all regimes,
so that Russia doesn't completely collapse, she is bound.
like a scroll, with indissoluble swaddling bands."

All — in love perpetual and unrequited,
all in outbursts, in impetuosity, in aspiration, in yearning,
in mystery, oaths, treasures, secret words,
sidelong glances — over steppes, all in sighs, through ravines.

All of her steps out, as though in a state of total separation,
frightening to her — unresponsive, fatal —
and any random arrow released from a bow,
flies red hot and crooked, missing the mark …

He loves her, but what about her? She's in love with another
and the other — loves a third, dressed in nun's attire.
So that over the whole breadth of space and icy air
Eros dispassionately shimmers.

Translated by Margarita Shalina

[ВОТ — РОСКОШЬ ДЛЯ ПОДСЛЕПОВАТЫХ ЗЕНОК]

Вот — роскошь для подслеповатых зенок:
восторженные ветви разведя,
торчит самодостаточная зелень
под струями дождя.

И, за бесцельно прожитые годы
казня поднаторевший в рифмах ум,
вдруг замечаешь красоту природы,
в которой — ни бум-бум.

Бумажный червь, нажравшись книжной пыли,
навряд ли смог вкусить живых плодов
той мудрости, которую копили
тысячелетья до.

Но стоит чуть попристальней вглядеться —
мир прояснится, праздничный и злой,
переводной картинкою из детства:
сними бумажный слой,

и слух, привычный к перебоям ритма,
вдруг ощутит, как торкнулась во мне
не проповедь уже — но и молитва
пока что не.

[A LUXURY FOR NEARSIGHTED SPOTTERS]

A luxury for nearsighted spotters:
enthusiastic branches reconnoitering,
jutting out self-sustainingly green
beneath streams of rain.

And during those squandered years,
executing a mind skilled only at rhymes,
you suddenly notice nature's beauty,
about which nothing is known.

A bookworm gorged on book dust,
barely able to savor the living
fruits of that wisdom, amassed
over a millennium.

It's worth looking more intently —
the world becomes clear, festive and wicked,
a carbon transfer from childhood:
remove the paper layer,

and an ear, accustomed to irregular rhythms,
suddenly senses, as it knocked around in me
no more sermons — and still
no prayer.

Я знаю, что не вывезет прямая …
Но для чего пичуге заводной
так остро чувствовать, не понимая:
что делать мне со мной?

I know nothing good will come …
But why does this small wind-up bird
feel so strongly, not understanding:
what to do with myself?

Прикосновение к смерти слегка непристойно —
навроде касания собственного тела
в точке, где предстоящее дышит знойно
и настоящее виснет осиротело.
Как эскимосы трутся при встрече носами —
утром бессонная плоть обретает свободу.
Так и валяешься солнечными часами,
вяло, почти наудачу тасуя колоду.
Так понимаешь, что влип — и ничто не отсрочит
ни на секунду ушами свершённого финта,
ежели стали друг к другу честней и жесточе,
вяло аукаясь в разных концах лабиринта.
Переступив, супротив обусловленных правил,
кодекс неписаный, смутно припоминая
прошлые жизни, которые сам переплавил
в то, с чем остался, распластанный, как отбивная, —
довольствуйся потом времени, кислой отрыжкой
прошлого, чем-то конкретным: бедром, лодыжкой,
носиком, сморщенным для поцелуя, горстью
еле заметных веснушек под слоем пудры …
Не замечая в упор костлявую гостью.
Не различая, о чём говорят любомудры.

Any association with death is slightly obscene —
not unlike contact with your own body
at the point where the future gasps at the heat
and the present droops as if orphaned.
Like how Eskimos rub noses when meeting —
restless flesh finds release in the morning.
And so you laze around in the sun,
languidly shuffling the deck at random.
You understand that you're stuck and
nothing can postpone, for a second,
a perfectly executed feint,
if we're to be brutally honest with each other,
languidly chanting hey! at different ends of the labyrinth.
Having transgressed the established rules,
an unwritten codex, dimly recollecting
past lives which you melted down
until all that remained is split like a cutlet —
content after some time with the sour vestige
of the past, with something concrete: a thigh, ankle,
nose, wrinkled into a kiss, a handful of barely
visible freckles beneath layers of powder …
Oblivious to the skeletal guest right under your nose.
Unable to comprehend the magi.

Не дорожит любовию народа
поэта извращённая природа —
взгляните на него во всей красе.
У этого печального урода
одна отрада — тайная свобода
быть не таким как все,

не раствориться в бодрой биомассе,
мечтающей о выпивке и мясе
(не суть — постельном, или же пожрать) …
Он вечно выбивается из масти.
В его меланхолической гримасе —
мальчишества печать.

Не отвечая интересам фирмы,
как чаплинский чудак из старой фильмы,
он задницей садится в бутерброд.
Он водку пьёт, в кармане носит фиги —
покуда не потребует Пифиец
и кожу не сдерёт.

Сочащегося жалостью и желчью,
его легко заклать священной жертвой —
двойной свирели голос нестерпим.
Но он последним судорожным жестом

The perverse nature of a poet does
not value the love of a people —
get a glimpse of him in all his glory.
This sad, ugly creature has
one solitary delight — a secret freedom
to be unlike the rest,

not dissolving into the vigorous biomass,
dreaming of binge drinking and flesh
(doesn't matter if it's a woman
in bed or food at the table) …
He is eternally sapped of color.
Childish behavior is stamped on his
melancholy grimace.

Not responding to the interests of the firm,
like a sort of Chaplin in an old film,
he sits back on his sandwich.
He drinks vodka and carries figs in a pocket —
and the leather won't tear.

Exuding pity and bile,
it's simple to sacrifice him as an offering —
the sound of a double-reed pipe is unbearable.
But his final convulsive gesture

в победу обращает пораженье,
усмешкой поразив воображенье
притихшей враз толпы.

Простые потребители, и снобы —
они, неразличимы как амёбы,
стекаются к нему со всех сторон …
И — посрамлённый собственною злобой —
исчадие Латоновой утробы,
рыдает Аполлон.

of victory turns to defeat,
with a sneer, having piqued the imagination
of the crowd now grown silent.

Simple consumers and snobs —
as distinct as an amoeba
flock to him from all sides …
And in a scandalous rage
the offspring of Leto's womb
Apollo weeps.

Уже тебя берут под белы руки
единым Дантом слыханные звуки.
Уже твоей души отдельны от
отвратный вид, потрепанные брюки,
свисающий живот.
И там, навскидку, в световом тоннеле
стремящийся к непостижимой цели,
встречая жути собственной оскал,
не объяснишь того, что вправду важно:
как ты любил нелепо и бесстрашно,
какою речью горло полоскал.

Sounds known to Dante
lead you by white gloves.
Your soul already rent in two
at the repulsive sight — ratty trousers,
drooping belly.
And there, by chance, in a well-lit tunnel,
aspiring to some incomprehensible purpose,
you meet with horror your own bared teeth,
never explaining what is truly important:
how absurdly and fearlessly you loved,
which speech was in your throat.

Translated by Christopher Mattison

[ЭТО ЖАРКОЕ ЛЕТО, КОТОРОЕ СТАНЕТ ЗИМОЙ]

Это жаркое лето, которое станет зимой,
беспардонно озвучило наше с тобою молчанье.
Голоса, улетая на юг, где назойливый зной
их давно ожидает, останутся с нами случайно.

Прибывает вода, прибывает большая вода,
скоро выйдут дожди разгибать свои жидкие спины.
Ты, наверное, скоро умрешь, но не бойся, когда
это станет фрагментом почти очевидной картины.

Ты, наверное, скоро умрешь, я умру за тобой
через (странно подумать) четырнадцать лет или восемь,
и огромная память, покрытая страшной водой,
воплотится — теперь уже точно — в последнюю осень.

Будут хлопать, взрываясь, комки пролетающих птиц,
отменив перспективу, себя горизонт поломает,
и границами станет отсутствие всяких границ,
и не станет тебя, потому что возьмет и не станет.

Ты красиво умрешь, ты умрешь у меня на руках,
или нет — ты умрешь на руках у другого мужчины,
это он будет пить твой с лица истекающий страх
три мгновения до и мгновение после кончины.

[THIS HOT SUMMER, WHICH WILL BECOME WINTER]

This hot summer, which will become winter,
brazenly serenades our silence and yours.
Voices, migrating south, where sweltering heat
has long awaited them, remain with us by accident.

Water is rising, a large body of water is rising,
soon rains will come straightening their liquid spines.
You will probably die soon, but don't be afraid, when
this becomes a fragment of a picture coming clear.

You, will probably die soon, I will die after you
in (it's strange to consider) fourteen years or eight,
and this enormous memory, covered in terrifying water,
will be embodied — it is visible now — in a final autumn.

Clusters of birds will applaud, exploding in passing flight,
having abolished perspective, the horizon will shatter,
and borders will become a lack of borders,
and the lack of you, because they will take you and leave nothing.

You will die beautifully, you will die in my arms,
or no — you will die in the arms of another man.
it is he who will drink hemorrhaging fear from your face
three instants up to and an instant after the moment of death.

Треск лесной паутины … по-моему, именно он
воплотится в хрипение свечек в побеленном храме,
где какие-то деньги шуршать не устанут вдогон
мимолетным молитвам, которые будут словами.

Будут камни лежать; их под кожей соленая плоть —
кристаллический воздух для духов подземного горя,
оным, видимо, нравится каменный воздух молоть,
выдыхая остатки в пустыни песочного моря.

И не зная, зачем это все я тебе говорю,
я тебе это все говорю как нельзя осторожно,
потому что умрешь, потому что я песню пою,
потому что нельзя это петь, но не петь невозможно.

Я смотрю тебе в спину, которая движется вдоль
засекреченной улицы в сторону грязного рынка:
между тонких лопаток твоих *начинается* соль,
поясню — продолжая нетвердую нежность затылка,

ты идешь не быстрее, чем я ухожу от тебя,
ты идешь, отбиваясь ногами от собственной тени,
ты идешь по границы уже неземного огня,
напрягая колени …

The crackle of a woodland spider's web … really it
is embodied in gasping candles in whitewashed churches,
where some sort of money rustles insistently in pursuit of
fleeting prayers that become only words.

There, stones will lie; salty flesh beneath their skins —
a crystal air for spirits of subterranean grief,
it seems, they enjoy milling the stony air,
exhaling the chaff into desert seas of sand.

And I don't know why I'm telling you all of this,
I'm telling you all of this, treading as carefully as I can,
because you will die, because I am singing my song,
because it is forbidden to sing of this, but to not sing is unbearable.

I look at you, facing your back, which drifts along
a restricted street in the direction of a dirty market:
salt *erupts* from between your thin shoulder blades,
I mean — the tender quivering elongation of your neck,

you go, not faster than I am walking away from you,
you go, your legs breaking away from your own shadow,
you go, along a border already turned to ethereal flame,
straining at the knee …

Всё — не зелёное и, впрочем,
не голубое, не любовь,
не очень красное, что очень
напоминает сразу кровь,

не майский жук на вурдалаке,
не снег и дождь по вечерам,
не свет, который ждёт во мраке,
чтобы из мрака выйти к вам,

не эти круглые ладони,
ключицы, спины, голоса,
не то, что стынет или стонет
до гибели за полчаса,

не то, не это, не такое,
и снова — не любовь, не страсть,
не голубое, не любое
(чтоб мне пропасть!) …

не ты, не я, не даже дети,
которых не было, не мы,
не наши лица на рассвете
в начале тьмы.

All is — not green and, incidentally,
not blue, not love,
not truly red, that with true
immediacy brings to mind blood.

not a May beetle on a werewolf,
not snow and evening rain,
not light, waiting in gloom,
that withdraws from gloom to you,

not these round hands,
the clavicle, the spine, the voice,
not this, which cools or moans
until downfall in half an hour,

not this, not that, not such,
and anew — not love, not passion.
not blue, not anything
(and I disappear!) …

not you, not I, not even children
who never arrived, not us,
not our faces at daybreak
at the onset of darkness.

Смотри, дружок, скорей смотри сюда:
жизнь — это ласка, т.е. не борьба,
а прижимание детей, травы, и кошек,
и девушек то к шее, то к плечу …
Лечись, дружок, покуда я лечу,
как насекомый ангел летних мошек.

Look, friend, quickly look here:
life, is a caress, i.e.: not a struggle,
but the pressures of children, grass, and cats,
and girls either around your neck, or on your arm …
Heal yourself, friend, while I am healing,
like the midge, the angel insect of summer.

Мушиный танец звезд, на всё, на всё похожий.
Безумная шумит сухих небес трава.
И духа серебро во мне покрыто кожей
несеребра.

На отмели времен, прижавшись к человеку,
вселенная молчит, не кратная семи,
а кратная его отчаянному бегу
вдоль смерти искони.

Мы всё еще бежим в продолговатом дыме
дыханья своего по мякоти земной
и падаем в нее такими молодыми,
что просто — божемой.

Нас облегает снег, нас обретают воды,
чужая память нас волочит по земле,
мы падаем в костры невидимой свободы
и ползаем в золе.

Нас настигает жизнь, когда мы умираем,
и взглядом, и рукой мы раздвигаем смерть,
и смотрим на себя, и безупречно таем,
и продолжаем петь.

A firefly dance of the stars resembles all, and everything.
The senseless rustle of dry ethereal grass.
And the silver of the spirit blanketed by my skin
that is not silver.

In the shallow banks of time, pressed against a being,
the universe remains silent, not a multiple of seven,
but a multiple of its desperate racing
toward the death of primordial time.

We keep running through oblong smoke
our breathing takes in earthly flesh
and we fall into it while so very young,
that it's simply — *oh my god.*

Snow envelopes us, water discovers us,
a stranger's memory drags us through earth,
we fall into bonfires of invisible freedom
and crawl through the ash.

We are overtaken by life, while we are dying,
with a gaze and a hand we wipe away death,
and we look at ourselves, and irreproachably melt,
and continue to sing.

И рушится трава, и птицы исчезают,
и дети голосят, и рушится трава,
и духа серебро торжественно пылает
в тисках несеребра.

And grass dries to ruin, and birds disappear,
and children wail, and grass dries to ruin,
and the spirit of silver solemnly blazes
in the grip of that which is not silver.

Translated by Margarita Shalina

[ТЕЛЕФОН ОТКЛЮЧИЛА И ТАБЛЕТКИ ПИЛА]

Телефон отключила и таблетки пила
С нами крестная сила,
Без обличья пчела.

Несгораемый ящик,
Черепной коробок,
В прошлом спичечный, а в настоящем —
Замыкай проводок

Как давали на водку,
Среди пыльных портьер
Золотую чечётку
Били братья Люмьер

В кристаллическом гриме,
В чистом царстве теней.
Говорят, меланхолия имя?
Летаргия верней.

[I TURNED OFF THE TELEPHONE AND TOOK MY PILLS]

I turned off the telephone and took my pills
We are delivered from the devil and all his harm
By a force that moves like a bee, but without form.

Here it is: a fire-proof safe,
A cranium cardboard box,
It used to hold matches, but now —
Lock up the connectors

Like tips given freely to go and buy drinks,
Amid dusty door curtains,
The Lumière brothers beat out the time
For a solid-gold tap dance chechetka

In grease-paint made of crystals,
In the pure kingdom of shades.
They call this melancholy, do they?
They're wrong. It's sheer lethargy.

Самое ужасное в убийстве
Есть не то, что друг или любовник
Станет вдруг твоей напрасной жертвой,
Проходя чрез тернии по астрам
И ломая, гад, живые стебли.
Мы найдём любовника другого,
Заведём себе иного друга.

Самое ужасное в убийстве —
И не то, как ты за ней крадёшься,
Прячешься в кустах, чихнуть боишься,
Как следишь за нею тошнотворно.
Чувствуешь дыхание маньяка,
Голубиный поцелуй садиста,
И сливаешься с грядущей тенью.

И не то ужасное в убийстве,
Что оно прямое богохульство.
Что там б-г, и где он притаился,
Как маньяк в умышленной засаде,
Если есть Он, что же попускает,
Отчего затверженно ласкает,
Как солдат соски у разведёнки?
Так не отрекаются подонки.

The worst thing about murder
Is not that a friend or lover
Suddenly becomes your useless victim,
As he walks through prickly asters
And breaks the living stems, the bastard.
We can find another lover,
We can take up another friend.

The worst thing about murder
Is not that you steal after her,
And hide in the bushes, afraid to sneeze
As you follow her every move.
You take in the breath of a maniac,
The heavenly kiss of a sadist,
And you join as one with the soon-to-be shade.

And the worst thing about murder
Is not that it is utter blasphemy.
G-d has no place here, who cares where he has hidden
Like a maniac, in premeditated ambush,
If he does exist, why allow his transgressions?
Why mindlessly caress him
Like a soldier touching the nipples of his scout?
This is not how despicable scum give it up.

Не такие здесь видали дали,
Хули пули, не над тем рыдали.

И не то — случайная соседка,
Полбутылка водки, две три сотки,
Две-три стопки под два-три куплета,
Синдерелла, сашка, сигарета,
Плюшевая юбка, мясорубка,
Обушок и белая карета.

Жутко вот что: лёгкая отвёртка
Или же серьёзное зубило
Славное удобное простое
В ремесле покладистом и ловком
(Если только не ладонь дебила
трогала и мыло и верёвку)
Снимет слой за слоем, шаг за шагом
Сухожилья лепесток за мышцей
Пол-лица как будто на театре
Патанатомических событий,
Словно атлас восковой листают
Медленно любовно отделяя
Тонкую бумагу дорогую

Инструмент прекрасный и полезный
Вдруг дробит растерянные зубы,
Обнажая кариес железный

Почему война? — перед войною
Снова спрашивал еврей настырный

We haven't seen such distances here,
Abuse and lies are not what makes us weep.

But that's not it. It's your neighbor by chance,
It's a half-bottle of vodka, a few hundred dollar bills.
Or a couple of shot glasses and a couple of ballads.
It's Cinderella, Sashka, cigarettes,
A billowing skirt, a meat grinder,
An eye-bolt, and the all-white carriage.

Here's what's truly horrible: a lightweight screwdriver,
Or a heavyweight chisel,
Easy to use, simple, even splendid,
Supple in use, agile
(Unless a half-wit's hand
picks it up along with soap and rope.)
It removes layer after layer, step after step,
It gets the petal-like tendon behind
Facial muscles, as if in a theater
Designed for an anatomy show,
As if someone were leafing through
A velvety atlas slowly, lovingly
Separating the sheets of fine, costly paper

A splendid and useful instrument
Suddenly smashes to bits the dismayed teeth
And exposes the iron cavities

Why War? It's before the war,
So one extremely bold Jew asks

У другого бедного еврея,
Ригорист, релятивист и стоик,
Растеряв учеников и дочек
И сестричек навсегда оставив
Там, где не заказывают столик,
Даже если при деньгах и празден
И куда пошел поляк упрямый
Иррациональный параноик

Another poor Jew a question,
He's a stoic, a relativist, a rigorous type,
He's slowly lost his students, his little daughters,
And forever left his little sisters
There, where no one demands an entire table
Even when they're flush with money and have the time,
Whatever happened to that uptight Pole,
An irrational and paranoid man

Как будто в клетке мечется зверек

Грудной   ручной

Как им забытый зябнет человек

Больной   родной

Как будто вдоль и поперек

Чего-то не сберег   портной

Но он встает встает

Чахоточный как заводной

Он тычется в дверной косяк

От слез слепой

Как будто что-то не просек

Тупой

Как будто что-то упустил

И прогибается настил

Гнилой

Под тяжестью беды

И поднимается вода

И медлит из последних сил

As if a caged little beast is running
A baby   a pet
As if a forgotten man shivers with cold
So sick   so dear
As if running far and wide
But failing to protect something   a tailor
But he gets up again and again
Like a wind-up toy with consumption

He rushes around the doorpost
Blind with tears
As if he did not cut past
Blunt
As if he let the thing go
And the floorboards sag down
Rotten
Under the weight of misfortune
And the water rises forth
And recedes, with its sagging strength

Translated by Stephanie Sandler

[ОЙ, ДАЖЕ ПРЯМО НЕ ЗНАЮ, ЧТО СКАЗАТЬ]

Ой, даже прямо не знаю, что сказать.
Это было полной неожиданностью.
И главное — так зло, с таким нажимом.
А главное — чего? почему? с какой стати?

Кстати, этого следовало ожидать.
В принципе всё к этому и шло,
потихоньку так, потихоньку, и так далее.
Нет, ну главное, с таким нажимом и так зло.

Еще повезло, можно сказать, слава богу, все живы.
Еще повезло, говорю, слава богу, все живы, можно сказать.
Нет, ну это было полной неожиданностью.
Ну я даже прямо не знаю, что сказать.

[OH NO, I REALLY DON'T EVEN KNOW WHAT TO SAY]

Oh no, I really don't even know what to say.
This was something completely unexpected.
And the main thing is the nasty stuff, the pressure.
But the main thing is huh? why? whatever for?

And, you know, we could have expected what followed,
In principle everything led up to this,
little by little, on the sly, little by little, and so on.
No, the main thing is the pressure, the nastiness.

Still we're lucky, you could say, thank god, we're all alive.
Still we're lucky, I go on, thank god, we're all alive, you could say.
No, see, this was something completely unexpected.
And see, I really don't even know what to say.

[ЭТО, ЗНАЕТЕ, КАК БЫВАЕТ]

> *Чаю воскресения мертвых.*
>
> *Символ веры*
>
> *Услыхал еврей про три желания и говорит*
> *золотой рыбке:*
> *— Я хочу роллс-ройс, дом во Флориде, пять*
> *миллионов евро и молодую, красивую,*
> *покладистую жену с хорошей фигурой — это*
> *раз …*
>
> *Из анекдота*

Это, знаете, как бывает:
мрак ночной вас в гостях застиг,
разговор затихает и стих,
но решимости все ж не хватает,
чтоб убраться в ночную мглу,
и хозяйка, зевок глотая,
снова чайник несет к столу.

— Мне пора, дорогие друзья.
— Да мы все щас пойдем! А чаю?
Мне не думать об этом нельзя,
я с трудом за себя отвечаю:
— Чаю? — я! воскресения мертвых? —
тоже я! — И как с рыбкой еврей

I look for the resurrection of the dead.

*A Jew hears about the three wishes and says to the
golden fish, "I want a Rolls-Royce, a house in Florida, five
million euros and a beautiful, young, complaisant wife with a
great body — that's number one ..."*

You know very well how it goes on:
Caught unawares by late-night gloom,
conversation and verse dwindle to silence,
but nobody has the will or resilience
so late at night to start clearing the room,
and the hostess, herself stifling a yawn,
brings the teapot to the table again.

"My time's up, gang. Got to hit the road."
"Yes we'll be going ...!" "Look, more tea?"
Now I can't help thinking about it,
I have trouble containing myself, a wish:
"Look for, me?" "The resurrection of the dead."
"Of course!" And having made my bargain

торговавшийся: — Это во-первых, —
добавляю у самых дверей.

Книжки спят, знать, пора и нам,
с нами все ж веселей семенам
в перегное орковых грядок.
Говоришь, не постельный режим?
Ну а чё такой беспорядок?
А чего мы тогда лежим,
точно письма в пустых конвертах?

Кто надписывал имена?
Ну чего мы лежим, зевая?!
Ждём чего ль?

                Воскресения мертвых.
Видишь, очередь здесь одна,
но еще не вполне живая.

like the Jew in the joke with the golden fish:
"That's number one." I throw in right away.

The books are asleep, maybe the time
has come for us, too, to rejoice as seed
in the loam of the flowerbeds of Orcus.
You're saying, no need to be bedridden?
So what do we make of this holy mess?
And why do we tuck ourselves in, then,
like letters into empty envelopes?

Who was it then keeping tabs on us?
And why do we crawl, yawning, into bed?
Waiting for —

          The resurrection of the dead.
There's only one line in the world up here,
you see, but not yet completely alive.

Думай, что спишь, притворяйся, что умер,

имя скрывай, как скрываешь ладони

в стоне полночном, в улиточном шуме.

В шуме улиточном сомкнуты веки,

в солнечной слизи хрусталик бокала.

Ты не распробовал, ты с опахалом в руках.

Ах, как медлительна эта ходьба,

хотьбы и в полдень, но в сторону сумерек

движется лев, побеждая врага,

на гору взбирается, ищет дворец,

дерево видит в улиточном шуме.

Не просыпайся, пока не скажу.

В замочную скважину видимый лекарь

ходит по комнате, то к стеллажу,

то снова к двери, но где колокольчик,

где украшения белого цвета,

где же свеча и сосуды с зерном.

Лекарь разгневанный небо пытается тающим рисом кормить.

Лекарь испуганных видит послов,

перстни зловещие, речи дурные:

если в дороге у лекаря вдруг

упряжь порвется, поклажа сгорит,

или услышит он крики *убей-*

убей, или увидит убийство,

Imagine yourself asleep, pretending to be dead,
conceal your name, the way you hide the palms
of your hands, moaning at midnight, a noise in your ear.
In the cochlear noise ages reverberate,
the goblet of your eye swims in solar slime.
Flavor eludes you, you with a fan in your hands.
Ah, how sluggish this progress is,
although it's still noon, a lion moves
in the twilight, defeating its enemy,
clambers up the mountain, seeking a palace,
sees a tree in the cochlear noise.

Do not wake up until I tell you.
Through the keyhole a doctor is visible,
he prowls the room, now near the shelves,
and back to the door, but where is the little bell,
where are the white ornaments,
where the candle and the vessels with grain.
The enraged doctor tries to nourish heaven with the dwindling rice.
He sees terrified ambassadors,
ominous finger-rings, the stupid speeches:
If along the doctor's road suddenly
a harness snaps, the luggage catches fire,
or he hears cries of *kill-*
kill, or witnesses a murder,

если из дома навстречу ему
зёрна несут, ломается утварь,
или дорогу пересекут
кошка, змея, обезьяна и выдра,
если без ветра гаснет огонь,
не просыпайся, пока не скажу.

Пусть тебе снится: едешь на юг,
золото ищешь, воюешь врага,
подати платишь, невесту берешь,
голый с ней рядом сидишь за столом,
голову бреешь, пьешь до озноба,
голого видишь — едет на юг,
падаешь в пропасть, на кладбище спишь,
голову голого видишь во сне.

Видишь во сне: из сердца растут
колючая пальма, розовый лотос,
на голове вырос куст с гнездом,
видишь во сне, невеста в красном
рядом с тобой, ты в украшениях красных
пляшешь на радость Хозяину.

Видишь во сне, тонешь в реке,
вязнешь в грязи, проглоченный рыбой,
входишь опять в материнское чрево,
чувствуешь — слезла кожа с ноги.

Гаснет светильник, дым незаметней
прикосновения к волосам,

if they're carrying seeds from home
to meet him, the equipment breaks,
or a cat, or a snake, a monkey, an otter
cross the road, if without a wind
a fire ignites,
do not wake up until I tell you.

Let yourself dream: You will travel to the south,
look for gold, battle with an enemy,
you will pay your taxes, take a wife,
Sit naked with her at the table,
Shave your head, drink till you shiver,
you see that naked man, he's traveling south,
you fall off a cliff, you sleep in a graveyard,
you dream of the head of a naked man.

You dream: from your heart grow
a prickly palm-tree, a pink lotus,
your head has sprouted a bush with a nest in it,
you dream, a bride in red
beside you, you in red ornaments
dance for the joy of the Lord.

You dream — you will drown in a river,
get stuck in the mud, swallowed by a fish,
you return to your mother's womb,
you feel — the skin peeled from your legs.

A lamp is turned off, the fog less perceptible
than a touch on the hair,

вот на алмазной твоей голове
проступают и вьются проборы,
вот вокруг глаз и на лбу проступает,
словно сосуды, рыдает луна.
Зренье твое разделимо ладонью.
Свет поглоти, расслабляя хрусталик.
Тьма и озноб по спине языка.
Вот ты расслабил хрусталик, и формы
ясность теряют, в звук погружаются,
вот ты расслабил улитку, и звук
стал неотчетливым, двинулся в запах.
Крылья расслаблены, запахи гаснут,
стынет язык, осязание тает.

Сила Земли погружается в Воду.
Взор беззаконный теряет свободу
передвиженья, таращится конь.
Сила Воды погрузилась в Огонь.
Сила Огня погружается в Ветер.
Вянут углы, сохнут отверстия.
Ладонь приближается к сонному рту.
Кролик дрожит меж сплетенных ресниц.
Кончено, кончено, пусто, проснись.
Ветер летит в пустоту.

see on your diamond head
locks of hair twine and part,
and here around your eyes and on your brow appear
like vessels, the moon sobs.
Your vision is divisible by your hand.
Swallow the light, the lens of your eye relaxing.
Darkness and a shivering on the back of your tongue.
You have let go the goblet, and your senses lose
clarity of form, they plunge into sound,
see, you unwound the cochlea, and sound
became indistinct, transformed into odor.
The wings of your nostrils fold, they extinguish odors,
your tongue grows chill, your sense of touch fades.

The power of Earth immerses itself in Water.
An unlicensed glance loses its freedom
of movement, a stallion balks.
The power of Water immersed itself in Fire.
The power of Fire immerses itself in Wind.
The embers fade, orifices dry up.
The palm of the hand aproaches a sleepy mouth.
A rabbit trembles between interlaced eyelashes.
Of course, of course, empty, wake up now.
The wind flies off into the desert.

Translated by J. Kates

ВЕРА ПАВЛОВА

[ГЛАЗА МОИ]

глаза мои

почему вы грустные

я же веселая

слова мои

почему вы грубые

я же нежная

дела мои

почему вы глупые

я же умная

друзья мои

почему вы мертвые

я же сильная

[EYES OF MINE]

Eyes of mine
why are you sad
when I am so cheerful
words of mine
why are you rough
when I am so gentle
acts of mine
why are you stupid
when I am so clever
friends of mine
why are you all dead
when I am so powerful

юная спит так

будто кому-то снится

взрослая спит так

будто завтра война

старая спит так

будто достаточно притвориться

мертвой и смерть пройдет

дальней околицей сна

the girl sleeps as if
someone special is dreaming
the woman sleeps as if
war will break out tomorrow
the old woman sleeps
as if it's enough to feign
death and death will pass by
on the other side of sleep

[ЧТО МОЯ ОНА]

Что моя она
говорит твоему ему?
Что она верна
и рада ему одному,
что она полна, что я тебя не пойму
никогда, что она одна
знает, что к чему.

What does my she
say to your him?
That she is faithful
and happy with him alone,
that she is full, that I will never
understand you, that she alone
knows what's what.

Так полно
чувствую твою плоть
во мне,
что вовсе
не чувствую твою плоть
на мне.
Или ты весь
во мне,
вещь-во-мне?
Или ты весь
вовне
и кажешься мне?

So fully
I feel your flesh
in me,
that I do not feel
your flesh on me
at all.
Or are you all
in me,
thing-in-me?
Or are you all
imma-
terial to me?

День — прозрачный, ласковый, беззащитный,
словно он всю ночь занимался любовью,
день, в который прошлое не горчит и
отступает будущее без бою,
день седьмой после тысяча первой ночи.
… утром Шехеразада открыла двери,
и трёх сыновей увидели царские очи.
Но этой сказке я меньше других верю.

The day is transparent, affectionate, vulnerable,
as if it had spent the whole night making love,
a day in which the past does not taste bitter and
the future gives way without a struggle,
a seventh day after a thousand first nights.
... in the morning Sheherazade opened the doors,
and the three sons saw the eyes of the king.
But I believe this fairy-tale less than the others.

Весы.

На одной чаше — радость.

На другой — печаль.

Печаль тяжелее.

Поэтому радость

Выше.

Scales.
In one pan is joy.
In the other, sorrow.
Sorrow is heavier.
Therefore joy
Rises higher.

Детство:

— Мам, дашь поносить твой батник?

Юность:

— Пап, дашь поносить твой свитер?

Зрелость:

— Дочь, дашь поносить твои джинсы?

Старость:

— Смерть, дашь доносить эти обновки?

Childhood:

"Mommy, may I wear your blouse?"

Youth:

"Dad, can I wear your old sweater?"

Maturity:

"Daughter, may I wear your old jeans?"

Age:

"Death, will you wait until these new clothes wear out?"

у меня две зубных щетки
между ними восемь тысяч
километров
у меня один-единственный
мужчина
между нами восемь тысяч
поцелуев
у меня две единственных дочки
между нами полное
взаимопониманье
но все-таки хорошо бы у меня
было
дочкой больше щеткой меньше

I have a pair of toothbrushes
with eight thousand kilometers
between them
I have a one-and-only
man
with eight thousand embraces
between us
I have two unique daughters
with full mutual
understanding between us
but just the same it would be better for me
to have
more daughters and fewer toothbrushes

Записывая стихи,
порезала бумагой ладонь.
Царапина продолжила линию
жизни
примерно на четверть

Copying over my poems,
I tore the paper with my hand.
The rip quadrupled the length
of the life-
line in my palm

Translated by Maia Tekses

[ГОВОРИ, ГАЛЕРНИК]

Говори, галерник. Ты первый, кто воротился, но
наших было триста — и где же теперь они?
Расскажи, как под злую музыку Яна Тирсена
напрягали мышцы, вытягивали ступни.
Как за десять лет до того забрели в селение
чужеземцы — и начинали издалека:
показали рекламный плакат с прекрасной Еленою,
называя ее «подругою моряка»;
как за пару лет перед тем, белозубым отроком,
ты глядел на далекое море из-под руки,
забывая, что — хил, что с детства подвержен обморокам,
что судьба на небе сужает свои круги —
говори. Не ты ли плюнул на предсказания,
по чужим деревням собирал голоштанных — и
обучал походке моряцкой, шуткам казарменным,
безобразным песням, метанью ножей, любви?
Что молчишь, галерник? Вспомнил? — кнуты и пряники,
арестантской цепью скованные ряды,
как ходил меж вами горбатый хозяин пьяненький,
заслонясь щитами своих холуев гнедых,
как десяток лет за светящейся чудной краскою
совершали рейды: в Сирию — и назад …

[SPEAK TO ME, OARSMAN]

Speak to me, oarsman. You are the first to return, but
we were three hundred — and where are they now?
Tell me, how beneath the sinister music of Yann Tiersen
muscles strained, the stride extended.
How for ten years outlanders drifted into the hamlet,
oblique and slow to reveal their intentions:
displaying placards that heralded beautiful Helen,
her "face that launched a thousand ships;"
how a couple of years prior, as a white-toothed adolescent,
you looked far out to sea — shielding your eyes,
forgetting, that you were a lethargic, sickly child
that fortune in heaven spins the wheel of fate
speak to me. Wasn't it you who spat on prophecy,
reaped raggedy-assed boys from strange villages — and
trained them in nautical ways, knife throwing,
locker-room humor, obscene songs, love?
Why are you silent, oarsman? Remember? The carrot and stick,
the chain gang's links of ice-bound rank and file,
how among you walked a hunchbacked drunken master
shielding his boot-lickers of copper
how a decade was devoted to holding the course,
to a luminous, wonder-filled blush: to Syria — and back ..

И сияли глаза Елены.
Глаза прекрасные.
На носах галер
нарисованные
глаза.

And the incandescent eyes of Helen.
Eyes that are radiant.
At the prow of the galley
are painted
those eyes.

Поломала жизнь, поломала, вот уже слегка надломила: она любит лётчика, мама, я опять пролетаю мимо — он крылами качает нежно, он заходит в пике над домом, столкновение неизбежно, всё, прощайте, привет знакомым. Она любит лётчика, мэра, коммерсанта, майора МУРа, убедить её не сумела мировая литература,что у нас в инвалидной роте дух высокий, полёт нормальный — видно, зря мы бились на фронте революции сексуальной. То есть в жизни иной, небесной, наглотавшись небесной дури, мы, конечно, взлетим над бездной, обнимая небесных гурий, из одной тарелки с богами потребляя нектар и манну, но сначала — вперёд ногами, а она всё с лётчиком, мама. Остаётся заняться делом: штурмом взять, изумить подкопом, и на бреющем, как Отелло, показать афедрон европам, и, срезая углы и крыши, лишний раз убедиться — боже — всё равно он летает выше, всё равно получает больше.

She's broken my life, it's broken, there it is now gently cracking: she's in love with a pilot, mama, once again I fly past the mark — he cradles her gently in his wings, he reaches climax soaring over houses, inevitable collisions occur, it's always, excuse me and, hello neighbor. She's in love with a pilot, a policeman, a merchant, a mayor, a major, international literature could not persuade her, or our company of fine high spirited invalids, who cruise at normal altitudes — it's clear we fought for nothing on the frontlines of the sexual revolution. Though there is another life, of divinity, feasting on heavenly folly, we, of course, will fly over this chasm, embracing ethereal houris, eating nectar and manna from one plate with the gods, first — place one foot before the other, but she's still with the pilot, mama. All that's left is to take the matter in hand: force the point, wear down her resistance, and gliding low, like Othello, show Europe how to steer, and around corners and over rooftops, one more time to be certain — oh god — either way he always flies higher, either way he always gets more.

в подземных переходах пахнет баней
опарышем распаренною плотью
встречать по платью провожать проклятьем
встречать чуть свет и провожать чуть свет
здесь всё для жизни жирная еда
горячие напитки кока кола
грудастые безгрудые любые
задорные с мальчишескою стрижкой
и юноши (бывают извращенцы)
базар вокзал автовокзал сортир

я говорю не ходят смс-ки
я говорю включи автодозвон
я знаю ты не можешь дозвониться
но я когда-нибудь отсюда выйду
нет я не отключён я недоступен
да временно да я надеюсь скоро
ведь ты же заберёшь меня отсюда
мне всё равно на небо или в землю
мне всё равно мне знаешь всё равно

in underground passages the smell of
the baths steam perspiring flesh
to arrive scrutinize and depart with a curse
to arrive at daybreak and depart at daybreak
here everything in life is
greasy food hot drinks coca cola
a buxom or flat-chested tease
with a boyish haircut and
boys (appear as misinterpretations do)
galleria subway stop bus stop lavatory

I tell you text messages aren't going through
I tell you let it go to voice mail
I know that your call cannot reach me
but someday I will get out of here
no I'm not turned off I'm inaccessible
yes temporarily yes I expect soon
you will surely take me away from here
it's all the same to me in heaven or earth
to me it's all the same to me you know all the same

снег забивает стрелку моей стране.

белым стекает воском по декабрю.

«это ли пустота?» — говоришь ты мне.

«это ещё не полная», — говорю.

снег забивает стрелку. часы стоят.

импортный предсказатель сурок — подох.

мы возвратимся в тот же уютный ад,

в наш приполярный атомный городок.

снег наступает, катится напролом.

мы что ни день ложимся под колесо.

тикает, тикает нежности эталон

в белой палате времени и весов.

вот мы и живы, пока не придут извне,

не перекроют газ, не отрубят свет.

«это ли пустота?» — говоришь ты мне.

«да, вот теперь — она», — говорю в ответ.

snow collides with the fate of my nation.

white melts as wax over december.

"is this emptiness?" — you ask me.

"it isn't complete yet" — I reply.

snow collides with fate. clocks stop.

the imported prophetic groundhog — has dropped dead.

we will return to the comfort of our own private hell,

in our circumpolar atomic town.

snow bears down, rolls with relentless fervor.

we perform sisyphan acts every day

in a white congress of time and balance

common decency ticks, and ticks away.

here we are and alive, so far, no woes befall us.

the gas hasn't been shut off, the lights haven't been turned off.

"is this emptiness?" — you ask me.

"yes, this is it — now," I answer.

Translated by Margarita Shalina

МАЛЫЙ МЕЛАНХОЛИЧЕСКИЙ РЕЧИТАТИВ

Ценно лишь то, что тленно.
Важно лишь то, что бумажно.
Дельно же то, что бесцельно.
Что эфемерно, то верно.

Что безнадежно, то можно,
а что возможно — ложно.
Скучно все то, что послушно;
что безысходно — свободно.

То, что напрасно — прекрасно,
то, что тревожно — надежно;
Все, что невольно, так больно!
Но то, что беспечно — вечно.

Et-cetera …

A SHORT MELANCHOLY RECITATIVE

Only the perishable is precious.
Only what's on paper is important.
As for the purposeless, it's really practical.
The ephemeral is essential.

What is hopeless may yet be done,
but what's conceivable is corrupt.
All that's docile is also dull;
what is hopeless is unhindered.

What's futile is fantastic,
what's troubling is trustworthy.
All that's involuntary, so injurious!
But all that's ebullient is eternal.

Et cetera …

Gaulois, -e 1. adj
1) ист. гальский;
2) шутливый; вольный, нескромный;
3) f «голуаз» (марка сигарет).
Ганшина К. А. Французско-русский словарь. — М., 1982.

Тебя курить, сладчайшая «Gauloise»,
до одури, до жадных слез из глаз,
до легких тяжелейшей перегрузки
глотать табак чувствительный французский, —
по мне ты сигарета в самый раз!

Ты — тела душегрейка и горилка,
как женщина — и кура, и курилка,
и в темноте мужского бытия
звездою мне светящая «не Я»,
и медленная дней моих морилка.

О, как давно тебя я не курил!
но жгучий аромат не позабыл —
меж пряжи дыма кольцами овечьей
зияющий дух женочеловечий
тебя курить мой возжигает пыл!

Gaulois , -e 1. adj.
1) histor. Gallic
2) playful; liberal or licentious; immodest
3) f. "Gauloise" (a brand of cigarettes)
K. A. Ganshina. *French-Russian Dictionary.* Moscow, 1982.

Smoking you, the sweetest Gauloise,
to stupor, to greedy tears in my eyes,
swallowing the sensitive French tobacco
until my lungs are heavily loaded —
to me you're a first-rate cigarette!

You are the body's sweatshirt and moonshine;
like a woman, you're both my sweetness
and my smoking room; in the dark of male existence
you are the "Not Me" that shines like a star
and the preservative of my slow days.

O, how long it's been since I smoked you!
But I haven't forgotten your stinging aroma —
among the fleecy rings of smoke
the gaping spirit of womanhood
kindles my fervor to smoke you!

Жги! чтоб от дозы прежней никотина
венозная дрожала паутина,
где сердца билась жалкая пчела
из сил последних, голова плыла,
колени прожимались, как пружина,

пред женщиной — крепчайшей «голу-аз»,
которую вдыхать до искр из глаз,
крутить, кусать … До крика разогрета,
как от затяжки тяжкой сигарета,
в губах моих сгорала ты на раз.

Burn! that from an erstwhile dose of nicotine
my web of veins would quiver,
where my heart's wretched bee beats
with its last energy! That my head would swim,
and my knees would sink like a slinky

in front of a woman — the strongest of all *"goal-was"* —
whom I would inhale to stars in my eyes,
bend, bite … Warmed to the point of screaming,
as if from a long drag on a cigarette,
you burned down at once in my lips.

Егору Даниловичу Резникову

Когда мастер пения входит в храм,

с ним в придел возвращается тишина.

Это чувствует дискант-послушник, посматривает по сторонам:

чудно легче стало вытягивать, а причина-то не ясна.

И никто не приметит из братии, как никто не подслушал досель,

миг, когда мастер пения вступает в общий хор.

А уже на голос единственный откликнулась каменная свирель —

отзвуков радугой многолиственной зацветает собор.

И хор восходит звучания лествицей, сливаясь в единый глас,

и из каждого сердца — как к солнцу лучи! — тянется серебряная труба,

выводя *аллилуйя и радуйся, и молись за нас* ...

Когда мастер пения выходит из храма, его встречает толпа.

И к нему подводят для исцеления от рожденья глухих,

запущенных, му-му мычащих, кому и ма-ма не суметь.

И вот все зеваки разинут рты, будто каждому дали поддых ...

Он руку кладет на грудь — человек начинает петь.

To Iego-Danilovich Reznikoff

When the master singer enters the temple,
quiet follows him to the side chapel.
The soprano lay brother feels it as he looks around:
it's become wonderfully easy to sing, but the reason's unclear.

And none of the brethren will notice, as no one has noticed before,
the moment when the master singer joins the choir.
But the stone flute has already responded to his voice alone:
the cathedral blooms with an arboreal rainbow of echoes.

And the choir ascends on the steps of sound, merging into a single voice,
and from each heart a silver trumpet — like a ray towards the sun! —
sings out *halleluja* and *rejoice*, and *pray for us* ...
When the master singer leaves the temple, a crowd waits for him.

And they bring him for healing the deaf, the neglectful,
those who can say "mmm" but not even manage "ma-ma."
And the idlers gape open-mouthed, as if punched in the groin ...
He puts his hand to a man's chest — the man begins to sing.

И все начинают петь, и волю дают слезам,

и слышат, что с ними согласно поют в Везеле, в Фонтене, в Тороне …

Это мастер возводит пения чистого храм

от пределов земли на западе и востоке, на юге и там — в родной стороне.

And all begin to sing, and they give way to tears,

and they hear others singing with them in unison in Vézelay, in Fontenay, in
    Thoronet …

That is how the master singer raises a temple of pure song

from the edge of the earth in the west and the east, in the south and there — at
    home.

Translated by Olga Livshin and Andrew Janco

[СОБАЧНИКИ УТРОМ]

Собачники утром выводят собак
При всякой погоде и власти,
В уме компенсируя холод и мрак
Своей принадлежностью к касте.

Соседский татарин, и старый еврей,
И толстая школьница Оля
В сообществе тайном детей и зверей
Своих узнают без пароля.

Мне долг ненавистен. Но это инстинкт,
Подобный потребности псиной
Прислушаться, если хозяин свистит,
И ногу задрать под осиной.

Вот так и скользишь по своей колее,
Примазавшись к живности всякой:
Шарманщик с макакой, факир при змее,
А русский писатель — с собакой.

И связаны мы на родных мостовых,
При бледном с утра небосводе,
Заменою счастья — стремленьем живых
К взаимной своей несвободе.

In the mornings the dog people walk their dogs
No matter the government or the weather.
They compensate for the cold and the dark
By thinking about their equals and betters.

My neighbor the Tartar, my neighbor the Jew,
And Olga the overweight schoolgirl
Need no sign to distinguish the chosen few
In a secret society of snot and drool.

I loathe all duty. But I have an instinct
Like the urge of a canine to prick up its ears
Whenever the master should whistle,
Or lift its leg at every aspen tree.

Attached as you are to all living beings,
You go on, your wheels in a rut:
Charmer and snake, organ-grinder with monkey,
A Russian writer … with his mutt.

We are tied to each other on familiar streets
Under the pallid sky of the morning
By the wish of living for a mutual leash
In exchange for personal glory.

О, какая страшная, черная, грозовая
Расползается, уподобленная блину,
Надвигается, буро-желтую разевая,
Поглотив закат, растянувшись во всю длину.

О, как стихло все, как дрожит, как лицо корежит,
И какой ледяной кирпич внутри живота!
Вот теперь-то мы и увидим, кто чего может,
И чего кто стоит, и кто из нас вшивота.

Наконец-то мы все узнаем, и мир поделен —
Не на тех, кто лев или прав, не на нет и да,
Но на тех, кто спасется в тени своих богаделен,
И на тех, кто уже не денется никуда.

Шелестит порывами. Тень ползет по газонам.
Гром куражится, как захватчик, входя в село.
Пахнет пылью, бензином, кровью, дерьмом, озоном,
Все равно — озоном, озоном сильней всего.

O what a frightening, black, and stormy …
Spreading not unlike a crepe —
Swallows up the sunset, stretching thin,
Drawing near, its yellow-brown... agape.

O, how quiet, how quivering, how the face grows sour.
And what an ice-cold brick in the stomach!
Now we'll see who can do what and how,
And who's worth his salt, and who's nothing.

At last it will be revealed, and the world divided
Not into left and right, nor yeses and no's,
But into those who are saved, sheltered and shaded.
And those who have nowhere to go.

Thunder swaggers — a conqueror taking a town.
Gusts rustle. Shadows crawl across lawns.
It smells of dust, gasoline, blood, shit, and ozone,
With the smell of ozone stronger than all.

У меня насчет моего таланта иллюзий нет.
В нашем деле и так избыток зазнаек.
Я поэт, но на фоне Блока я не поэт.
Я прозаик, но кто сейчас не прозаик?

Загоняв себя, как Макар телят,
И колпак шута заработав,
Я открыл в себе лишь один, но большой талант —
Я умею злить идиотов.

Вот сидят, допустим, — слова цивильны, глаза в тени,
Говорят чего-нибудь о морали …
Я еще не успел поздороваться, а они
Заорали.

И будь он космополит или патриот,
Элита или народ, красавец или урод,
Раскинься вокруг Кейптаун или Кейп-код,
Отчизна-мать или ненька ридна, —
Как только раскроет рот,
Да как заорет, —
Становится сразу видно, что идиот.
А до того иногда не видно.

I have no illusions about my talent.
In my line of work there's enough smart asses.
I'm a poet, but next to Blok, I'm not a poet.
I'm a fiction writer, but these days, who isn't?

On a wild goose chase, running myself ragged,
And earning a dunce cap along the way,
I've found only one thing I'm really good at:
I can piss-off just about any shit-for-brains.

They're there, let's say, eyes in the shadows,
Saying something or other about morality …
I barely get to say hello,
And they're yelling their heads off already.

And whether patriotic or cosmopolitan,
The cream or the dregs, the handsome or ugly,
Whether it's Cape Cod in the picture, or Capetown,
Our Fatherland or Mother Russia —
As soon as he opens his mouth
And starts yelling like he's out of his gourd —
You can tell right away, his mind's gone south.
But you can't know for sure till he utters a word.

Иногда я что-нибудь проору в ответ,
Иногда в испуге в обморок брякнусь.
Я едва ли потребен Господу как поэт,
Но порой я полезен ему как лакмус.

Может быть, фейс-контроль. А может, у них дресс-код.
Может быть, им просто не нравится мой подход
К их святому, напыщенному серьезу,
Я не знаю, чем посягаю на их оплот
И с чего представляю для них угрозу.

А писанье — продукт побочный, типа как мед.
Если каждый день на тебя орет идиот,
Поневоле начнешь писать стихи или прозу.

Sometimes I'll belt something back at 'em.
Other times I'll just pass out on the floor.
You may have no use for my minor talent.
But keep me around as a litmus test, Lord.

Maybe it's "control of the face."
Maybe a "code of dress."
Maybe they just don't respect my method
Of approaching their holy, blown-up seriousness,
I can't say how I breach their stronghold.

What makes them see me as a threat?
And writing? It's just a by-product, sort of like honey.
If every day you're yelled at by a dolt,
You'll make poems or prose like you were printing money.

Translated by Matvei Yankelevich

ШИПОВНИК

И мальчиком, и дядечкой — нельзя:
кусаю губы, потому что знаю,
что — вот она! — не первая весна
и не последняя, а так, очередная

Я — сбрасываю кожу, как змея,
я — как крапива, прожигаю платье,
но то, что *щас* шипит в твоих объятьях,
кричит и жжется — разве это я?

Нет, в том шиповнике, что цвёл до издыханья,
до черноты, до угля — у забора
я до сих пор стою как тот невзрачный мальчик
за пять минут — до счастья и позора.

Ну что ж поделать, если не совпавший
ни там, ни здесь — со мной, по крайней мере —
ты пах моей щекой, моей мужской рубашкой
ещё до всех моих стихотворений.

— За всё про всё одна лишь просьба есть:
за то, что мы не *были и не будем* —
люби меня таким, каким я есть,
таким-каким-я-нет — меня другие любят.

DOG ROSE

Both as a boy and as a guy — one can't;
I bite my lips because I know
that — here it is! — the spring, but not the first
and not the final — just another one ...

I shed my skin as if I were a snake,
and like the nettles, I sting right through the dress,
but that which *now* hisses at embraces,
which screams and burns — you think that's really me?

Oh no, in that dog rose that bloomed and suffocated
turned black, like coal ... — by the fence
I have been standing still like that plain-looking boy
five minutes before — happiness and shame.

What can I do, when you couldn't overlap
right here — or there — with me, at least — and still
you smelled of me and of my manly shirt
a long time before my poems.

— And through it all I have but one request:
because we never were *and never will be* —
love me the way I am;
the way I'm not — that's how others love me.

Я не надеюсь, ни с одним из вас
ни там, ни здесь совпасть — но в это лето
мне кажется, что кто-то любит нас,
имперских, взрослых, солнечных, раздетых.

Из душного цветочного огня
он нас прижмёт к себе, а мы — ему ответим
Ещё я знаю, что на целом свете,
уже лет десять, больше нет тебя.

I do not hope to overlap with any one of you
right here — or there — and yet this summer
it seems to me that someone loves us all,
imperial, adult, sun-drenched, and naked.

Emerging from the heady flowers' fire
he'll hug us tight and we'll respond to him ...
Besides I know that in this whole world
it's more than ten years now since you've been gone.

Даниле Давыдову

Мне стыдно оттого, что я родился
кричащий, красный, с ужасом — в крови.
Но так меня родители любили,
так вдоволь молоком меня кормили,
и так я этим молоком напился,
что нету мне ни смерти, ни любви.

С тех самых пор мне стало жить легко
(как только теплое я выпил молоко),
ведь ничего со мною не бывает:
другие носят длинные пальто
(мое несбывшееся, легкое мое),
совсем другие в классики играют,
совсем других лелеют и крадут
и даже в землю стылую кладут.

Все это так, но мне немножко жаль,
что не даны мне счастье и печаль,
но если мне удача выпадает,
и с самого утра летит крупа,
и молоко, кипя или звеня,
во мне, морозное и свежее, играет —
тогда мне нравится, что старость наступает,
хоть нет ни старости, ни страсти для меня.

For Danila Davydov

I feel ashamed that I was born
all screams and redness, horrified, blood-stained.
And yet my parents — they loved me to such extent,
and nourished me with milk so plentifully
that I have truly suckled my fill on milk
and now there's neither death nor love for me.

From that time on to live has been quite easy
(as soon as I had finished that warm milk),
for nothing ever really happens to me:
it's others that can wear floor-length coats
(mine, oh so light — it never came to pass),
and fully other are the ones who can play hopscotch,
as well as those who are nursed, kidnapped,
or even placed inside the chilly earth.

This all is true, but still I do regret a little
that happiness and sadness are not mine,
yet if a day of luck sometimes befalls me
and from the morning on sleet keeps on falling
and milk inside me churns, seethes and rings —
then I am pleased to see old age approaching,
although old age — as well as passion — is not for me.

Так неужели
я никогда не посмею
(а кто, собственно,
может мне здесь запретить,
уж не вы ли, мои драгоценные,
уж не вы ли) —

признаться:

ну были они в моей жизни, были,
эти приступы счастья,
эти столбики солнца и пыли
(все постояли
со мной в золотистой пыли),

и все, кто любили меня,
и все, кто меня не любили,
и кто никогда-никогда не любили —
ушли.

So will I really
never ever dare
(and who, actually,
can forbid me to do it here —
it surely wouldn't be you, oh my precious ones,
it surely wouldn't be you) —

confess:

yes they happened in my life, they did,
these fits of happiness,
these columns of sunlight and dust
(everyone stood
with me for a while in this golden dust),

and everyone who had ever loved me
and everyone who had never loved me —
they've left.

Как шрам — любовь — под бровью от стакана,
как след — любовь — на пальце от ожога,
всегда всего мне было *мало, мало,*
а оказалось — слишком *много, много.*

Но я клянусь, что в жизни листопада
я не искал любви (я даже сил не тратил),
но я искал — защиты и пощады,
а находил — ещё — *одно* — объятье.

Жизнь, ты — которая так часто пахнет кровью,
жизнь, *ты,* которая со мной пила украдкой,
ну, не было — с тобой нам - больно, больно,
а было нам с тобой — так сладко, сладко.

Всё начиналось — зябко и проточно,
а продолжалось — грубо и наглядно,
а кончилось — так *яростно,* так *мощно,*
так беспощадно.

Like a scar — love — under the eyebrow, from a chunk of glass,
like a trace — love — on a finger, after a burn,
everything always for me was *too little, too little,*
and in the end it turned out to have been *too much, too much.*

But still I swear that in this life of autumn foliage
I did not look for love (spent no effort on it),
however, I looked for — protection, and for mercy,
and kept on finding — yet *one more* — embrace.

Life, you who so often smell of blood,
life, *you* who'd often down a drink with me in secret,
well, it did not happen — that you and I were hurting, hurting,
instead we had a feeling — of such sweetness, sweetness.

It all began in such a chilling, flowing fashion,
and then continued, in a rude and graphic way,
but then it ended — *so fiercely, powerfully,*
mercilessly.

Translated by Vitaly Chernetsky

[КУДА УГОДНО, ТОЛЬКО НЕ ДОМОЙ]

Куда угодно, только не домой!
А где — не дом? Меняются масштабы
Пространства, не освоенного мной.
Куда угодно! — только вот куда бы:

В кафе, где мне приносят «как всегда»?
К реке и в парк со всем кордебалетом?
К приятелю, где водка как еда?
К возлюбленной, где водка под запретом?

А где-то есть вокзал, аэропорт —
Но что-то мир не делается шире,
Хотя мой ареал и распростёрт
От Африки и Штатов до Сибири.

В хранимых письмах слишком много слов.
На карточках смеются слишком мило.
Мне больно от названий городов,
Где что-нибудь со мной происходило.

И весь географический уют —
Всего лишь расширение засады.
Меня — везде волнуются и ждут.
Но если появлюсь, не будут рады.

[I'D GO ANY PLACE, SO LONG AS IT'S NOT HOME]

I'd go any place, so long as it's not home!
But where's not home? The number of places
I've not explored yet.
Any place! — although I wonder where:

To a café, where I'm given "the usual"?
To the river and park with the whole kit and cabocdle?
To a friend where vodka's like bread?
To a sweetheart where vodka's forbidden?

Somewhere there's a train station and airport —
All the same, the world is not growing wider,
Although my places stretch
From Africa and the U.S. to Siberia.

In letters that I saved — far too many words.
On photos, they smile far too sweetly.
It hurts me to hear the names of cities
where things happened to me.

And all that geographical coziness
Is nothing but the expansion of an ambush.
They anxiously await me everywhere.
But when I show up, they won't rejoice.

М. Иглину

Я знаю, я слышу дрожанье земли,
Они надвигаются с Волги,
Несчётное войско в огромной пыли,
Кочевники, варвары, волки
На низких гривастых степных лошадях
Придут — и поселятся на площадях.

Бессмертная гвардия лучших калек —
Из джунглей, из степей окрестных,
С российских равнинных прославленных рек,
Науке досель неизвестных —
Несметные полчища, как саранча.
На странном наречье команды рыча,
Войдут на рассвете, сметая посты,
И волю дадут мародёрам,
Взорвут электричество, сроют мосты,
И крест золотой над собором
Ловкач заарканит на полном скаку —
И всё это будет на нашем веку,
Иначе я сам бы, исполнившись сил,
Однажды поднялся бы с печки,
И весь этот город под корень скосил,
И выпил всю воду из речки,
Я вторгся бы с юга, всё выжег дотла,
И мусор смахнул рукавом со стола.

To M. Igin

I'm sure I hear the tremblings of the earth,

Troops advance from the Volga,

Numberless, in a cloud of dust,

Nomads, barbarians, wolves.

They'll come riding short, shaggy, long-maned horses,

They'll come and settle in the city squares.

A glorious guard of the best cripples

Will come from the jungles, from nearby Steppes,

From famous Russian rivers on plains

Formerly unknown to science

Countless hordes, like locusts,

Roaring commands in a strange dialect,

They'll come at dawn, sweeping up outposts,

Giving the looters free reign,

Will blow up generators, destroy bridges,

And the gold cross over the cathedral

Will be roped by a trick-rider at full gallop.

And all this will happen in our century,

Otherwise, filled with strength,

I would have left my stove,

And wiped out the entire city,

And drunk up the water from the river,

I would have invaded from the south, and burnt everything around

And brushed the garbage from the table with my sleeve.

И с миноискателем в каждой руке —
Ничья не поможет рука мне —
Проверил бы сам каждый дюйм в городке —
Чтоб истинно камня на камне!
Оставил бы только гореть, как вчера,
Над новой пустыней домов номера.

Чтоб мы, потерявшие всё и везде,
Вернувшись на гиблое место,
Могли бы, бродя по колено в воде,
Норд-ост отличить от зюйд-веста,
Чтоб синяя цифра слепые суда
Вела, как звезда!

A mine-detector in each hand —

No one can help me —

I would leave no stone unturned

So that all was razed to the ground!

And only house-numbers burning

As yesterday, over a new desert.

So that we, who had lost all and everywhere,

When we returned to that wretched place,

Wading in water to the knee,

Could distinguish north-east from south-west,

So that those blue numbers

Could blind ships like a star.

Низенький толстенький я — и длинная ты, худая —
моя веточка! моя цаплечка! — пролетая
над Покровкой и дальше, мы выглядим так забавно:
чудо-дерево с розочкой в ласковых лапах фавна;

чудо-птичка с мобильником, походкой непостижимой
ты вошла в мою жизнь не с циркулем и рейсшиной,
не с салатом и супом, не с дорогим прикидом,
а с заигранным плеером — да! и с бильярдным кием.

По Покровке и глубже, прыгая через лужи,
рассыпаются люди во дворики, словно в лузы.
Хочешь пива? и нам недолго осталось вместе,
ты из жизни моей через неделю, месяц

не с пустыми руками уйдёшь: со вчерашним раем,
и с покоем моим, и с душой — а пока сыграем! —
и пойдём отсюда, не подавая вида,
что забудем всё, как разбитая пирамида.

Short, plump me — and tall, skinny you, —
my twig! my little heron! — flying over
Pokrovka and further, we look so funny:
a wonder-tree with a rose, in tender paws of a faun;

a wonder-bird with a cell-phone, your gait inconceivable
you entered my life, without compass or t-square,
without salad, soup or expensive threads,
but with a worn-out walkman — yeh! and pool cue.

Along Pokrovka and on, jumping puddles,
people scatter into yards as into pool pockets.
Want a beer? We don't have much time left.
You won't be in my life, a week, a month later

and you won't leave me empty-handed, you'll take away
yesterday's paradise, peace of mind, my soul —
meanwhile, let's play! — let's leave this place and pretend
we'll remember it all like a ruined pyramid.

Translated by Mark Halperin and Dinara Georgeoliani

[СКОЛЬКО ОРАКУЛА Я СВОЕГО НИ СПРАШИВАЛ]

сколько оракула я своего ни спрашивал
по словарю гадал орфографическому
зачем она трубку среди разговора бросает
— вчера было дождь а сегодня четыре снежинки упало
так отвечает

если налево свернет ворона счастливым буду
если направо — буду богатым и сильным
прямо вдруг полетит — слава придет мировая
камнем ворона моя с неба упала

мама моя скажи как мне быть с жизнью
ты мне ее дала ты одна знаешь
— ходишь ли ты сынок на работу исправно
кушаешь хорошо ли — ол райт мама

я спросил у ясеня тополя и амурского бархата
кто моя любимая почему не знаю
деревья мне ответили у жены спрашивай
и долго после шумели смеялись наверное

[I ASKED MY ORACLE MANY TIMES]

I asked my oracle many times
used a spelling dictionary to predict
why she hangs up on me when we talk
it rained yesterday and today four snowflakes fell
that's her answer

if a crow turns to the left I'll be lucky
if to the right I'll be rich and strong
if it suddenly flies straight ahead I'll be famous worldwide
but my crow fell from the sky like a stone

mother dear tell me what to do with my life
you gave it to me and only you know
— do you go to work every day sonny
do you eat well — *all right* mama

I asked the ash the poplar and cork tree
who's my beloved why don't I know
the trees said: ask your wife
and long after made noises laughing no doubt

жена моя ласточка лапочка умница
почему не свернула налево ворона
зачем она трубку среди разговора бросает
— тише тише родной мой жена отвечает
все пройдет

my wife my swallow my pet my smart one
tell me why the crow didn't turn left
why she hangs up on me when we talk
— calm down calm down honey my wife answers
all things pass

то кисло то горько то сладенько
то как в электричестве плюс и минус
черное с белым и так серенько
сердце мозги печень

милый мой ты у меня вот где
милая ты у меня там же
станем элементарными частицами —
тоже очень сложно но чище

но чаще как в анекдоте:
назвался модным парнем становись раком
полезай в пузо лучше бы тебе не родиться
и повсюду головорезы Гринпис

станем музыкой замороженной
будем продаваться только в записи
не загадим личные отношения
мы его не любим и с ним тоже

а как же иначе ненаглядная
светить так внутрь — там тоже космос
зеленое голубое розовое
да и по утрам делать зарядку

sometimes sour sometimes bitter sometimes sweet
or like electric plus and minus
or black and white and very gray:
heart brains liver

my handsome one that's where you are
my pretty one you're there too
we'll become elementary particles —
also very complex but neater

it's more like an anecdote:
you think you're a cool guy so do it doggy-style
better you hadn't been born — go back to the womb
and the Greenpeace cutthroats are everywhere

we'll become frozen music
we'll be sold only on tapes —
we won't soil our relationships —
we don't like him or being with him

can we do it differently
if you swim inside there's a cosmos there, too —
green blue pink
and in the morning we'll do exercises

не бойся губ
открытых для поцелуя
ибо не смерть несут
привет от любимой

если над верхней
ус ощетинился
привет от друга

не обожжёт
рука ласкающая — чего она ищет?
душу ищет забрать сначала
вернуть обновлённой

не оскорбят
глаза желающие — чего они просят?
просят закрыть их в тот миг когда ты
в них отразишься

сам не ищи
не лови не трогай взять не пытайся
жадное сердце как что схватит
б …, не отпустит

don't fear lips
open for a kiss
for they don't carry death
but a hello from your girlfriend

if a moustache bristles
on your upper lip
it's hello from a friend

a caressing arm
won't burn — what does it seek?
first to take the soul
and return it renewed

lusting eyes
won't offend — what do they ask
they ask to be shut
the moment you're reflected in them

don't go looking
don't catch don't touch don't try to take
once a greedy heart grabs something
sh … it won't let go

милая книжку стихов читает о, не моих!
с названием странным
похоже на "бздение" только лиричней
лиричней
лиричней

туманится взор у неё и мысли
блуждают средь тропов туманных ей мнится
вот-вот приоткроется некая крышка
и тайна поэзии выйдет наружу …

и вот мне приснилось что сердце моё не моё
оно разорвалось на буквы и заперто в книжке
с ужасным названием в страшных и тёмных стихах
с чудовищной силой в занудном дурманящем ритме

… и мне предлагает: давай почитаем их вместе

my girlfriend reads a book of poems, but oh not mine!
with a strange title
looks like "BS" only more lyrical
more lyrical
more lyrical

her gaze and thoughts grow foggy
wander among foggy tropes
she imagines a certain lid is about to open
and the mystery of poetry come out ...

and then I dreamt that my heart was not mine
it broke with monstrous force and a boring, intoxicating rhythm
into letters and is locked in a book with a terrible title
and scary, gloomy verses

... and she suggests: let's read them together

Translated by Mark Halperin and Dinara Georgeoliani

[ПОСПЕШИМ]

Поспешим
стол небогатый украсить
помидорами алыми,
петрушкой кучерявой и укропом,

чесноком,
перцем душистым и луком,
огурцами в пупырышках
и дольками арбузными. — Пусть масло,

как янтарь
солнца под оком, возблещет
ослепительно. — Черного
пора нарезать хлеба, белой соли,

не скупясь,
выставить целую склянку. —
Виноградного полная
бутыль не помешает. — Коль приятно

утолять
голод и жажду со вкусом! —
Наступающей осени
на милость не сдадимся, не сдадимся

Let's hurry
to decorate the meager table
with crimson tomatoes,
curly parsley and dill,

with garlic,
sweet pepper and onion,
pimply cucumbers,
watermelon slices. — Let oil glitter

when you look at it
like the sun's amber,
blinding. It's time
to slice black bread,

put out plenty
of salt — don't be stingy.
A jeroboam full of the grape
wouldn't hurt. If you enjoy

quenching your hunger
and slaking your thirst in style! —
We won't yield to
the coming autumn, we won't,

ни за что. —

Всесотворившему Богу

озорные любовники

угрюмых ненавистников любезней.

no matter what.
God, the Creator,
loves naughty lovers
more than gloomy haters.

Из дому грустно брести на работу,
мчаться вприпрыжку с работы домой,
плыть по течению к водовороту,
осенью, летом, весной и зимой

просто гулять по бульварам, усвоив:
свет не догнать, не дождаться творца
новых — взамен обветшалых — устоев,
не оживить ни умы, ни сердца,

жадные лишь до подножного корма,
что бы ни делать — не сделать, и я —
только неопределенная форма
существования и бытия.

Leaving home, sadly plod to work,
leaving work, eagerly rush home,
swimming with the current to a whirlpool,
simply strolling down the boulevard

in the fall, summer, spring and winter, learning:
you can't overtake the light, can't wait for the Creator,
can't replace worn out traditions with new ones,
can't revive minds or hearts

greedy only for pastures;
no matter what you do, you won't succeed,
and I am only an indefinite form
of existence and being.

Миф о Париже больше, чем сам Париж,
красочней, звонче, вкусней, ароматней, глаже,
глубже кладбищ подземных и выше крыш, —
безвозвратно утраченный — для продажи

выставленного, сравнительных степеней,
сам убедился, подлинник хуже списка,
мельче, невзрачней, выхолощенней, бедней, —
нет ничего похожего, даже близко,

как ни гляди, с орлиной ли высоты,
с плоскости ль человечьей, еще ль откуда,
чем свет Старый и Новый пленялись, ты
не увидишь, — ни жизни, ни сна, ни чуда:

Музы слепы, глух и нем Аполлон,
проволокой Пегас оплетен паучьей, —
хватит с него четверок, со всех сторон
вкопанных на перекрестке нищих созвучий.

The myth of Paris is greater than Paris itself,
more colorful, more resonant, tastier, more fragrant and sleeker,
deeper than underground cemeteries and higher than roofs, —
It's lost irretrievably — on sale

on sale are its exhibits, its comparatives,
the original worse than this list, I'm convinced,
less deep, plainer, emptier, poorer —
nothing resembles the original, nothing's even close;

look from the eagle's height, or a man's,
or from elsewhere, it doesn't matter,
you won't see what fascinated the Old
and New World — no life, no sleep, no miracle:

The muses are blind, Apollo deaf and dumb,
Pegasus, entangled in a spider's wires, has had
enough of those discordant harmonies surrounding him,
dead in their tracks at the crossroads.

Выбранному временем небранным,
было бы мне больше по душе
силами померяться с тираном,
а не с куклой из папье-маше:
кто кого в тяжеловесной схватке
скрутит и положит на лопатки.

Некогда, витийству покорясь,
крепости слагались из камений;
слой за слоем слипшаяся грязь
расчищалась мощью песнопений;
ткался человечий испокон
из пророчеств истинных закон.

Ныне в небрежении великом
волшебства словесного балласт, —
землю нечленораздельным криком
оглашают, кто во что горазд,
точного заложники расчета,
соль из капель добывая пота.

Жертва единятся и палач
в противостоянии нетвердом,

I was chosen by calmer times,
though I would have liked it more
to cross swords with a tyrant
and not a papier-mâché puppet:
in this fierce fight, who
would pin down whom?

Once fortresses, bowing to eloquence,
were built with stones;
mighty songs cleaned clumped dirt,
layer by layer;
from ancient times a solid law of man
was woven, from authentic prophecies

Nowadays, the ballast of verbal magic
is in great neglect.
Extracting salt from drops of their own sweat,
hostages to all that's exact
fill the earth, each in his own way,
with meaningless shouts.

The victim and hangman are united
by their unstable confrontation;

полусмех блуждает, полуплач
по довольством искаженным мордам, —
ни тиран не страшен никому,
ни рекущий поперек ему.

contented and distorted snouts
display a mixture of laughter and tears —
there's no fear of the tyrant there,
nor of the one who speaks out against him.

Translated by Mark Halperin and Dinara Georgeoliani

[ПРОЕЗЖАЯ МИМО ПОМОЙКИ]

Проезжая мимо помойки
Иногда увидишь: в грязи
Лежат холодильник или плита,
Расписанные фантастическими цветами.
Эта тяга народа к творчеству
Умиляет и настораживает,
Но примитивное зодчество
Помойку облагораживает.

Твой холодильник не такой, как у всех,
На твоем серванте — бумажная аппликация.
На стене — картина неизвестного художника,
Который умер в четырнадцать лет
Во время мастурбации.
Ты как вылезший наружу конец пружины диванной,
Ты была большая оригиналка.
Твой холодильник, раскрашенный странно
Я вспомнил, проезжая мимо свалки.

И пусть уже пусто, и нет просвета,
Потянулись заборы и гаражи,
Ты продолжаешь вкладывать душу в предметы,
В предметы, у которых нет своей души.

[PASSING A RUBBISH DUMP]

Passing a rubbish dump,
You sometimes see, amid all that filth
A refrigerator, an oven,
Over-painted with fancy flowers.
This urge to be creative
Is heart-warming but also a bit perplexing,
Still, the primitive decoration
Lends the dump a kind of distinction.

Your fridge is not like everybody else's,
On your sideboard paper's been glued,
On the wall's a painting by some unknown artist
Who died at age 14
While masturbating.
Like a sofa spring, poking out,
You were a pretty original type.
Your fridge oddly painted.
I remembered this, passing the dump.

Empty, not a glimmer anywhere,
Fences and garages spreading all over.
You continue putting your heart and soul into objects
That have no souls.

[ДОРОГА, ПО КОТОРОЙ ШЕЛ ПАПА]

Дорога, по которой шел папа
папина бутылка водки
дверь, в которую стучался папа
в кулаке сжимая пробку

идеалы, к которым стремился папа
мне кажутся сегодня смешными
зачем идеалы тому, кто придумал
мне это дурацкое имя

женщины или девушки
созданные папиным гением
зачем эти женщины и девушки нужны
если каждый день миллениум

папа, ты исполнишь желание
маленького мальчика русского
я не хочу, чтобы стала земля
вновь парком периода юрского

папины звезды смотрят в окно
я не закрываю входную дверь
около дома любимое пиво мое
стоит всего 10 рублей

The road papa walked
his bottle of vodka,
the door papa knocked on
a cork squeezed in his fist.

ideals papa adhered to
seem absurd to me today
what does a person who gave me
such a stupid name need ideals for

women or girls,
created by papa's genius,
why should I need women or girls
if each day's a millennium

papa, you will fulfill the wish
of a little Russian boy
I do not want the land again
to turn into a jurassic park.

papa's stars gaze into the window
I do not close the front door
not far from the house my favorite beer
costs only 10 roubles

Теперь уже подтвердилось
что на Марсе жизни нету
что нет на Луне растений
и на Венере тоже
Но еще существуют звезды
а вокруг них планеты
на которых что-то такое
еще существует возможно

кажутся неподвижными
застывшие в пустоте звездолеты
мы оживаем в детях
мы продолжаем учиться
их доброта и понятливость
помогут в дальних полетах
в бесконечных просторах Галактики
не заблудиться

и новые цивилизации
на вспаханном новым плугом
черноземе Вселенной
откроются их глазам
удивленные и осторожные
к новым друзьям и подругам

Now we know for sure
there's no life on Mars
no vegetation on the Moon
nor on Venus either
but the stars still exist
and around them are the planets
on which there's still a chance
something exists

Flying stars seem motionless
Frozen in the emptiness
we come to life again in our children
and continue to learn
their good nature and understanding
will help us in long-distance flights
not to get lost
in the endless Galactic spaces

and new civilizations
on the universe's blackearth region
ploughed by a new plough
will open astonished
but cautious eyes,
to new friends, girlfriends

спустятся наши дети
и я тоже буду там

и я тоже буду где-то
считаться сошедшим с неба
Высшим Разумом Чисел
Отцом Запредельных сфер
отыскавшим простое решение
неразрешимой проблемы
явивший инопланетянам
порядочности пример

и будут плакать потомки
когда я погибну в схватке
с космическим динозавром
или стальным пауком
на маленьком астероиде
на кладбище космонавтов
в рубке из чистого золота
забудусь я вечным сном
ча-ча-ча

our children will descend
and I'll be there too

And I'll be somewhere too
having descended from above
like some Higher Numerical Reason
Progenitor of the otherworldly
discoverer of a simple solution
to an insoluble problem
setting these other planetary beings
an example of how to behave

and our heirs will weep
when I perish in combat
With the cosmic dinosaurs
or a steel spider
on a small asteroid
in a cockpit of sheer gold
I'll fall asleep for ever
in the cemetery for cosmonauts
cha cha cha.

Translated by Daniel Weissbort

ГЛЕБ ШУЛЬПЯКОВ

[НЕМНОГИХ СЛОВ НА ЛЕНТАХ ЯЗЫКА]

... немногих слов на лентах языка,

но слишком неразборчива рука,

и древо опускается во тьму,

затем что непостижная уму

из тысячи невидимых ключей

сплетается во тьме среди корней

и новый намывает алфавит, —

ручей петляет, дерево горит.

[A HANDFUL OF WORDS SCRAWLED]

… a handful of words scrawled
on ribbons of language wrapped
around a tree slung low in the darkness,
incomprehensible to the human
mind, a thousand invisible springs
interlaced in the dark between roots,
a new alphabet deposits —
a brook dodges, a tree burns.

[ОБРАСТАЕШЬ СТИХАМИ, КАК БУДТО ВТОРАЯ КОЖА]

Д. Т.

Обрастаешь стихами, как будто вторая кожа
первой поверх покрывает лицо и руки;
даже вещи всё больше похожи на рифмы Блока
или на Фета, его наливные звуки, —

обрастаешь вещами, и вещи пускают корни,
шкаф или штору подвинуть — уже проблемы:
высыпают приставки и суффиксы, только дёрни,
гладкие плавают в мыльной воде морфемы.

Обрастаешь собой, открывая в себе чуланы,
комнаты, где не погашен огонь, ампира
бесконечные лестницы — набережные канала, —
бродишь всю ночь и не можешь найти сортира.

To D. T.

Overgrown with poetry, like a second skin
the first covering your face and hands;
all these things more similar to the rhymes
of Blok or even Fet, his fluid sounds —

Overgrown, over time these things take root
as you push aside the dresser or blinds — already
there are problems — prefixes and suffixes pour out,
awash in the soapy water of morphemes.

Overgrown with yourself, a maze of larders,
rooms, where an electric light is always on,
endless staircases — channel embankments — you can
wander yourself an entire night never finding a toilet.

невысокий мужчина в очках с бородой
на чужом языке у меня под луной
раскрывает, как рыба, немые слова,
я не сплю, ты не спишь, и гудит голова —
значит, что-то и вправду случилось со мной,
пела птичка на ветке, да стала совой,
на своем языке что-то тихо бубнит,
и летит в темноте сквозь густой алфавит

a small man in glasses and a beard
unveils me in a foreign tongue,
beneath a moon, mute as a fish,
I'm not sleeping, you're not asleep,
my head's abuzz — something did really
happen to me, a bird sang from a branch,
turned into an owl, muttering softly
in its own language, then flew into the dark
through a forest of letters

[КАКОЙ-НИБУДЬ ПОЛУЗАБЫТЫЙ МОТИВ]

А. К.

какой-нибудь полузабытый мотив

на старом базаре, и сердце разбито,

а в небе качается белый налив

и тянется вдоль переулка ракита, —

какой-нибудь малознакомый квартал,

где снежную бабу катали из глины —

я знаю! — там желудь за шкафом лежал,

а мимо несли бельевые корзины,

их ставили в небо одну за другой,

и двигались простыни над головой

to A.K.

some half-forgotten tune
in an old bazaar breaks my heart,
white summer apples quake in the sky
as a broom scrapes the length
of some unfamiliar neighborhood alley,
where a snowman is balled up in clay,
I know it! — there's an acorn back
behind the wardrobe, wicker baskets
hoisted up next to white sheets drying
overhead, swaying one behind the other

В ночь на субботу шел последний снег.
Он был похож на кольца мокрой шерсти—
как будто наверху овечье стадо
стригут, а шерсть бросают вниз, —
и вздрагивают липовые ветки,
роняя эти кольца на бульваре.

В ночь на субботу шел последний снег.
По снегу, оставляя черный след
шел человек, и снег ему казался
большой зимы немыслимым началом:
как если бы стоял не месяц март,
а приближалось время Козерога.

Смешно? Смешно. Конечно же, смешно.
В кармане у него билет на море.
К тому же дача, он хотел за лето
веранду перебрать и перекрасить.
А тут зима. «Хорошенькое дело!
Как незаметно лето пролетело …»

Snow fell last on Saturday night.
A ring of damp wool
like a herd of sheep
shorn from on high, the wool
casts down, startling linden branches
shedding along the boulevard.

Snow fell last on Saturday night.
A man's prints trailing black in the snow,
and to him it seems an immense
winter of unfathomable beginnings:
as if it wasn't now March
but Capricorn drawing near.

Isn't that funny? Hilarious. Quite funny.
In his pocket, an unused ticket
to the seashore and he'd also meant
to repaint the dacha's veranda.
But now it's winter. "Can you believe it!
Summer has imperceptibly flown …"

Так думал человек — и улыбался.
И не жалел о том, что получилось.
А снег всё падал кольцами на землю,
раскачивая липовые ветки,
и стриженые овцы на бульваре
жевали снег, зимы не соблюдая.

He thought and smiled,

not regretting what hadn't happened.

Snow fell to the ground in a ring,

linden branches swayed,

and the shorn sheep chewed snow

along the boulevard, oblivious to winter.

Translated by Christopher Mattison

[ВОДА ГОВОРИТ: ВЫПЕЙ МЕНЯ ДО ДНА]

вода говорит: выпей меня до дна
я под землёй тосковала одна
столько лет не была мокрым снегом
выпей меня выдохни вместе с дымом

каждый день говорит: я не твой
освободи меня отпусти конвой
по домам пока сам живой
не прошёл дождём не пророс травой

темнота говорит: посмотри сюда
я тебе в себе припасла немоты
шум пустых частот рыбий крик
язык отрезанный перебитый кадык

родная сестра говорит: ну и что
что не родилась ну не повезло
если это препятствие для любви
я тебя тогда буду любить назло

это я смотри незадачливый говорун
неумелый врун домашний ребёнок
поскучневший за пять лет собеседник

ни во что не врубающийся спросонок

[WATER SAYS, DRINK ME TO THE LAST DROP]

water says, drink me to the last drop
underground I yearned for it all alone
for so many years I haven't been wet snow
drink me up breathe me out along with smoke

every day says, I am not yours
let me be go ahead dismiss the convoy
let those guys go home while I'm still alive
while I haven't poured down as rain or sprouted as grass

darkness says, look here, for you
I've saved up some muteness on the inside
white noise the scream of fish
the cut-off tongue the broken adam's apple

my own sister says, so what
that I wasn't born oh well tough luck
if this is an obstacle to love
I'm going to love you despite it all

it's me look an ill-starred chatterbox
clumsy liar a home-bound child
now five years later too boring to talk to

half-awake not getting whatever you're saying

перечисли меня по пальцам одной руки

меня более чем хватает

один не справившийся

один опоздавший

один очень испуганный

один постоянно

засыпающий на ходу

и ещё один

безымянный

count me on the fingers of one hand
there'd be more than enough of me
the one who wasn't able to handle things
the one who was late
the one who's totally terrified
the one who always
falls asleep

and another one
nameless

в пятом
или в шестом
классе
я нашёл дома пластинку
группы Breakout
и Миры
Кубашиньской.

на фотографии они сидели
в свитерах
перед микрофонами, в студии
глядя мимо камеры.

у них не было этого
когда все любились и торчали
прямо в грязи, прямо
во время войны.

зато у них был
человек из мрамора
и человек из железа.

таких больше
вообще
нигде не было.

in fifth
or sixth
grade
I came across an LP
by the band Breakout
and Mira Kubasińska.

on the cover they sat
wearing sweaters
in front of the studio mikes
looking past the camera.

it didn't happen to them
everyone making love, stoned
right there in the dirt, right
in the middle of a war.

however they had
a man of marble
and a man of iron.

nowhere else
did they have
things like that.

в семьдесят втором
когда я родился
они приезжали в Москву.
концерт в Лужниках.
отец говорит
милиционеры в проходах
стояли, заложив руки
за спину.
смотрели, чтобы никто
не танцевал.
папа с мамой сидели
в партере
на хороших местах.
слушали.

человек из мрамора
не танцевал
человек из железа
не танцевал.
никто не танцевал
тогда, в семьдесят втором
в Лужниках.
вот и я

не умею.

in nineteen seventy-two

when I was born

they came to Moscow.

a concert at Luzhniki Stadium.

father says

policemen stood

in the aisles, hands behind their backs

to make sure

nobody danced.

mom and dad sat

in the orchestra

very nice seats.

they listened.

the man of marble

didn't dance

the man of iron

didn't dance.

no one danced

then, in nineteen seventy-two

at Luzhniki.

and now I too

don't know how.

бывает посмотришь — Его и нет.
двое знакомых сойдут в стакан
плескаться там до потери сил,
пока она пальцы прижимает к вискам.
и какая-то музыка наверху —
вроде только что развешивали бельё,
качали нефть, проклинали Генштаб —

а уже стоишь посреди всего:
рыбий пасынок, закутанный в анорак.
за спиной чужое, то ли такое своё:
глаза боятся, плечи болят.

сверху поют соседские за столом,
рядом шагает новый китай.
заскучав, один подходит к окну,
вглядывается в подмосковный мрак.

так, бывает, посмотришь, — вроде ослеп,
не видать ничего, — ан чавкает в темноте
собственными щенками, закусывает водой,
запивает нефтью, проклинает Генштаб.

вроде нет Его, а руки боятся,
глаза болят.

sometimes you look — and He's not there.
two buddies dive into a glass
splashing there until they pass out
while she presses her fingers to her temples.
and some sort of music upstairs —
a moment ago they hung laundry on the clothesline,
pumped oil, cursed the Joint Chiefs of Staff —

and now you stand in the middle of it all,
fake-fur-covered stepchild wrapped in a parka
behind your back things so alien, or so familiar,
your eyes are afraid, your shoulders hurt.

upstairs neighbors sing at the table,
the new china marches together with us.
feeling bored, one of them comes to the window,
peers into suburban Moscow darkness.

sometimes, you know, you look — and it's like you've gone blind,
can't see squat — but something chews loudly in the dark
on its own puppies, washes them down with water,
then with oil, then curses the Joint Chiefs of Staff.

seems He's not here anymore, but your hands are afraid,
and your eyes hurt.

Translated by Vitaly Chernetsky

[УТРЕННЕЕ СОЛНЦЕ ВОСХОДИТ УТРОМ]

Утреннее солнце восходит утром —
Столько соблазнительных вероятий!
Что же ты, девка, ходишь по квартире,
Тапками стуча, пятки печатая?

Что тебе, голубка моя лебедка?
Поворотись-ка, сними последнее,
В золотое зеркало полюбуйся,
Это и то вперед выдвигая.

И чу! Я слышу глухое биенье.
Тепло бокам и шея удлинилась.
Ноги не радуют, но белым перьям
Многие подруги позавидуют.

Достаточно сделать движенье крылом —
В животе ухает; паркет остался
Далеко внизу; родные, простите,
Пишите мне до востребования.

— Бессмертная, навеки бессмертна я,
Стиксу не быть для меня преградою!

[THE MORNING SUN ARISES IN THE MORNING]

The morning sun arises in the morning —
So many seductive probabilities!
Why, girly, do you walk through the apartment,
Tapping your slippers, stamping with your heels?

What's up with you, my little dove, my swan?
Turn back around, take off the last rag,
Admire yourself in the golden mirror,
Moving this and that part forward.

And hey! I hear a muffled beating.
Your sides feel warm and neck looks longer.
The legs don't please you, but your white feathers
Are the envy of many girlfriends.

You only need to make a move with a wing
For an oof in the belly; the floor is left
Far below; my dear ones, farewell,
Write to me "general delivery."

— Immortal, forever immortal am I,
Even the Styx can't stop my flight!

(1)

Мне неспокойно с собой, как хозяйке питбуля.

Вот я над малым селом многоглавая буря.

Вот я за мирным столом саблезубая ящер.

Лучше возьми меня за и задвинь меня в ящик:

Словно в шкаф платяной — в плотяной,

Между этим и этим ребром,

За границею кожной, мясной, костяной —

В непреложный прижизненный дом.

Я отказываюсь от прав

На рукав и другой рукав.

Я отказываюсь от лев

На сомнение, мнение, гнев.

Я отказываюсь от речь.

Я откалываюсь от плеч,

От лица, пальтеца и бра

Ради должности се — ребра.

Я хочу лежать в твоей середке,

Как во гнездах неопрятные наседки,

Как в жестянках плоские селедки.

Составлять твои грудные клетки.

Я хочу участвовать в работе

(1)

I feel restless with myself, as if I owned a pit bull.
Here I'm a many-headed storm in a small village.
Here I'm a saber-toothed lizard at a peaceful table.
Better take me by the and shove me in a drawer:
As if with the linen — in a flesh closet,
Between this rib and this one,
Over the border of skin, flesh, and bone —
To spend my life in an immutable home.

I waive my rights
To a right and left sleeve.
I waive my lefts
To doubt, opinion, and rage.
I say no to speech.
I say no to shoulders,
To face, little finger and lamp-bracket
For the sake of this duty — the rib.

I want to lie in your midst,
Like untidy brood hens in nests,
Like smooth herring in tin cans.
To comprise the cells of your chest.

I want to take part in the labor

Лейкоцитов или электронов,
Быть ударник на заводе плоти,
Быть набойщик всех ее патронов,

Отвечать за состоянье ткани,
Как фабричная ивановская таня,
Все приданое — из двух косичек.
Выдавать тебе сатин и ситчик,

Устилающие нам безлюдны,
Бесконечны тела коридоры.
Распевая песенки подблюдны.
С шиком откупоривая поры,
Как тогда шампанского бутылку.

Темной кровью двигаясь к затылку.

(2)
....
....
Как в диком детстве на не обмочиться —
Сосредоточиться на тенью просочиться
Под кожный слой, под пленку жировую,
Под эту тряпку нервную живую,
Под самый спуд, за мокрые полотна,
В слоистые и твердые волокна
Подземный ход проделать словно клещ.

И смирно лечь, как маленькая вещь.

Of leucocytes or electrons,
Be a flesh factory shock worker,
Get all its cartridges loaded,

To answer for the tissue's condition,
Like an all-her-might factory Tanya,
My whole dowry made of two pigtails.
To hand you out sateen and calico,

Spreading out for us the deserted,
Endless corridors of the body.
Humming through fortune-telling songs.
Uncorking the pores with panache,
Like that champagne bottle once.

Moving along the dark blood
towards the back of your head.

(2)

....

....

As in wild childhood not to wet yourself —
To concentrate on a shadow to seep through
Under the skin layer, under the film of fat,
Under this living ragtag of nerves,
Under the bushel itself, past wet canvases,
Into the hard and stratified fibers
To dig like a tick through an underground path.

And lie down calmly, like a minuscule thing.

[БОГ ЛИ, БЕЛКА ВОЗИТСЯ В ДЕРЕВЕ]

Бог ли, белка возится в дереве.
Краля-крона брюхата. Страшно:
То и так ее распирает,
Пяткой ткнет или лбом упрется.

Страшно кроне, как страшно чайнику
Разогрету; объяту пламенем;
В потолок-котелок испуга
Потным паром поцеловату.

Страшно форме, как страшно омуту,
Чуть забьется ключами в скважинах,
В сладкий омрак, в солнечном круге,
Восхитительное живое.

Страшно форме, как страшно площади,
Еженощно ложась под памятник.
Страшно форме, как страшно небу
Языка, едва защекочет.

Языка, что цокает в пазухах —
Языку, с которого кубарем,
Как жетоны в подол блек-джека,
Говоримое в страхе страсти.

It's God or else a squirrel busy in the tree.
The queen-crown's pregnant. Frightening:
Now and then it rips her open,
Jabs with a heel or thrusts a forehead in.

The crown is afraid, as a heated teakettle
Is afraid; is embraced by flame;
In the ceiling-cauldron of fright
All kissed by the sweaty steam.

The form is afraid, as a whirlpool's afraid
The moment keys start to beat in the locks,
In a sweet eclipse, in a solar circle,
An entrancing living something.

The form is afraid as a plaza's afraid
To lie down each night with the monument.
The form is afraid as the palate's afraid
Of the tongue, just let it start tickling.

Of the tongue, which tsks on somebody's chest —
To the tongue, from which head over heels,
Words spill like blackjack winnings in a hem,
What is speakable in my fear of passion.

Как блистают вино и платьице,
Три высотки, река, колени,
Собеседник, рука с тетрадью
При явлении в-буре-Бога!

As the wine and the little dress glisten,
Three altitudes, the river, my knees,
Someone to talk with, hand holding a notebook
As God-in-a-storm appears!

Translated by Sibelan Forrester

СМЕРТЬ СОЛДАТА

Я не тем оглушен, что погоста,
словно нехристь двурогий, лишен,
что свечного домашнего Господа,
как блудный овен, отлучен.

И не тем, что, как в детстве из лука,
настреляться я так и не смог,
что не лег, как отцова наука
учит нас — головой на восток.

А — что вместо просторного гроба
я лишь кожей обернут сырой,
как какой сарацин, и природа
с пятисот меня давит сторон.

Мне другое обещано было:
как-то крестный мой Скарабей
на Покров говорил, что *могилой*
мне воздастся по вере моей.

Я не больно-то верую в Бога
как радетеля мертвых. Кабы
все исчезло — ан вона как бойко
без меня продолжается бытъ.
....

A SOLDIER'S DEATH

I am not broken by my want
of a burial place, like some two-horned heathen,
or by my banishment from the candled, cozy god,
as if I were a wandering sheep;

I am not broken by the memory that I couldn't
shoot with arrows when I was a child;
that I didn't lie down to rest, as my father
taught me — with my head to the East.

But — instead of a spacious coffin,
I am only wrapped in raw skin,
like some Saracen, and nature presses on me
from five hundred directions.

Something else was promised to me:
my godfather Scarab once told me
on the Feast of the Protection that *I shall be
rewarded with a grave for my faith.*

I don't believe in God as a protector
of the dead that much. As if
it all vanished — but hey,
look how briskly it goes on *without me.*

....

Я сквозь ситечко вижу коренья;

крышки нету, всеяден песок …

Так лежу словно умер. Но время —

как и раньше — летит на Восток.

I can see roots through a little sieve;
there's no lid, and the sand consumes all …
I lie here, as though dead. But time —
as before — flies to the East.

ЖЕНЩИНА

У него рассвет, как нить.

У тебя закат как масло. —

Говорила она мужчине.

[У него хвост спереди.

У тебя сзади. —

Так она не говорила.]

Он гений порыва.

Ты гений осады. —

Утешала она мужчину.

[У него позвоночник.

У тебя живот. —

Так она не сказала.]

У него минута.

У тебя вечность. —

Напоминала мужчине.

[У него вершина.

У тебя плато. —

Об этом она молчала.]

His sunrise is like a thread,
    Yours, like oil —
        She said to the man.

[His tail hangs forward,
    Yours, backward —
        That's what she didn't say.]

He is the master of impulse,
    You're the master of siege —
        She comforted the man.

[He's got a spine,
    You, a belly —
        That's what she wouldn't say.]

He has a moment,
    You have eternity —
        She reminded the man.

[He has the summit,
    You, a plateau —
        She said nothing of this.]

У него песок в ботинках.

У тебя гравий. —

Беспокоилась за мужчину.

[Он умрет в будущем.

Ты умрешь в прошлом. —

Молчала и сосала язык.]

Это меньшее, что она могла.

Это высшее, что она могла.

Верная с молодых ногтей. Верная дотла.

He has sand in his boots,

    You have gravel —

        She worried for the man.

[He will die in the future,

    You will die in the past —

        She held her tongue and sucked on it.]

It was the least she could do.

    It was the most she could do —

        True from the start. To the bitter end, true.

[В КОНЦЕ КОНЦОВ, У НАС ВЕДЬ ЕСТЬ]

В конце концов, у нас ведь есть
          часть завтрашнего дня.
Рассвет, помноженный на тень
          колен и интервалов.
И тишина, и глубина,
          и птичья мельтешня
на антресолях, чай, риват
          и миндаля навалом.

В конце концов, мы из пыльцы
          египетских камен
меж рам оконных — новый сорт
          сообразим варенья;
сольем вино ослиных пасх,
          ром греческих календ.
Глядишь, к полудню будет нам
          еще одно время.

В конце концов и я не здесь,
          и ты ложишься в дрейф,
и кровь по-новому звучать
          воспитывает мышцу.

In the end, you know,

        we still have part of tomorrow.

And the sunrise, multiplied by the shadows

        of knees and intervals.

And quiet, and depth,

        and the darting of birds

in the attic, and tea and *navat,*

        and loads of sugared nuts.

In the end, you know, we'll take

        the pollen of Egyptian Camenæ

that we stored on the windowsill, and make

        a new sort of jelly from it;

we'll mix the wine of when-pigs-learn-to-fly

        with the rum of *ad Calendas Græcas.*

You'll see, by noon we'll have

        a whole other time.

In the end, you know, I'm not really here,

        and you are cast adrift,

and blood is teaching muscle

        to ring differently.

Но до четвертых петухов

у луковиц дерев

я книгу рощ твоих ношу,

как ртуть, под мышкой.

But until the cows come running home,

                 bumping into tree bulbs,

I carry the book of your groves,

                 like mercury, under my arm.

Translated by Olga Livshin and Andrew Janco

[БОГ, ДАЙ ХОТЬ СТРОЧКУ]

Бог, дай хоть строчку.
Я лица не оторву от бумаги.
Нет, это не буквы, а сплошные коряги.
У меня история есть без конца и начала —
Я ее любил, а она меня не замечала.

И я подумал, книги раскладывая на досуге,
Про женщину говорят, что груди ее упруги.
Я проверял много раз, но так и не понял.
Жил да был Сирано, да нежданно-негаданно помер.

Итак, она меня любила, а я ее не замечал.
Она была маленькой, лишь перископ торчал.
Ее внимательный глаз порой выходил из орбиты.
Шли косяком убогие и прочие неофиты.

Сначала даже была музыка,
Поцелуи в трамвае, прогулки по зоопарку.
Западня, полынья, ну и въезд в триумфальную арку.
Какие такие просторы открылись, закрылись навеки?
Галереи, музеи, районные библиотеки.

Но вот мы встретились и вдруг узнали друг друга.
Ветер, не ветер, но холодом веяло с юга.

[GOD, IF YOU GIVE ME THE WORDS]

God, if you give me the words
I won't tear my face from the page.
It's not letters but woody thickets which block me.
My history has no beginning and no end.
I loved her. She didn't notice me.

So I decided to collect books for pleasure.
It's been said that a woman's breasts stand upright.
I've checked many times without knowing why.
Cyrano lived and died just like that.

She loved me. I didn't notice her.
Her eyes protruded like a periscope.
Her gaze reached beyond its orbit.
Neophytes and misfits strolled around us.

In the beginning there was music:
Kisses on the train, strolls in the afternoons,
Galleries, museums, provincial libraries, traps,
Glaciers, trips to the Triumphal Arch.
What expanses gaped at us before closing forever?

We knew as soon as we met that we would be together.
Even on windless days, frost blew from the south.

Кто-то пришел, да и вышел вон.
И с тех пор дует со всех сторон.

Сколько раз мы просыпались под снегом и я ей говорил:
Нам холодно оттого, что мы вместе и нету сил
Приготовить на завтрак сельдерея под майонезом.
Приходил брат и скрипел протезом.

А потом настало лето, но прежде весна.
Мы просыпались под пенье птиц. Скрипела сосна.
Говорят, что у женщин упругие ягодицы.
Я собирал грибы, не повреждая грибницы.

Что это я, все о себе, да о себе, она тоже говорила много.
Люди как проза, только читаются с эпилога.
Она говорила, что любит, но между тем не знает,
Что будет носить, если похолодает.

Лето прошло. И я шуганул всех кошек, птиц и собак.
Бродят, летают, мешают курить табак.

A stranger arrived and left. Ever since then
The wind blows from all sides.

No matter how many times the snow broke our sleep
I said: "We're cold because we're powerless together
To prepare a breakfast of herrings in mayonnaise."
Your brother arrived, his wooden leg scraping the ground.

Spring preceded summer. We woke when the birds
Were singing and pine trees screeched.
It's been claimed that women have pert nipples
But when I gathered mushrooms, I didn't damage the stems.

Though she talked a lot, this is my story.
People are like prose, but you must read them
With the epilogue: backwards. She said she loved me
But she didn't know where her love was going.

Summer passed. I scared off the birds, the dogs, the cats.
Now they wander and fly, keeping me from cigarettes.

ПЕРЕХОД НА ЗИМНЕЕ ВРЕМЯ

Так и замер
С поднесенной ко рту
Ложкою супа

This is how soup freezes
when brought to my mouth
with a spoon

Неправильно набран номер, —

Унылый голос телефонистки.

Она мне снилась:

Пожилая, с огромным обручальным кольцом,

С короткой стрижкой.

Я высматривал ее в метрополитене.

Иногда узнавал, но подойти не решался.

Она глядела на меня в упор, поезд грохотал в тоннеле,

Потом она умерла, но голос так и остался,

Невыносимый, вывернутый наизнанку.

Его тоже затерли, поменяли на что-то.

Я и сам потерялся, читал в метро «Иностранку»,

Никому не звонил и не жаловался на икоту.

Замкнутые номера на телефонной станции

Сами с собой говорят, присылают друг другу квитанции.

Электронные телефонистки,

Проглатывая буквы, говорят по-русски и по-английски:

Если ты идиот — жми цифру нуль,

К тебе придут санитары и небесный патруль,

Наберешь ненароком двадцать два —

Услышишь, как ворочаются во сне говорящие провода.

Играют в деньги на прятки, играют в славу на жмурки.

Пишут стихи в блокноты сумрачные придурки.

"The number you have reached is not in service,"
said the whining operator.
She arrived in a dream:
aged, with a huge dangling ring,
and short-cropped hair.
I stared at her on the subway.
Sometimes I recognized
but I never approached her.
She stared pointblank at me as the train thundered in the tunnel.
Then she died, though her voice remained,
unbearable, turned in upon itself.
The voice got lost too,
exchanged for something new.
Then I lost myself reading the newspaper.
There was no one to complain to
about my hiccups anymore.

The numbers on the telephone booth
speak for themselves, paying each other back
Those electronic telephone operators,
speaking Russian and English, swallow numbers:
"If you're an idiot, press zero."
Then the trash collectors and sky patrol come to you,
You press twenty-two.
You hear the wire speaking through your sleep.

Святое дело — сожрать бутерброд, вернувшись из школы,
Ушные раковины хранят божественные глаголы.
Женские микросхемы имеют пятнадцать ножек,
Миниатюрный корпус и дырочки для сережек.

Глухая Анна Павловна звонит, ничего не слышит:
Дмитрий! Я поняла вас немного,
Ума занимать не придется вам, наверное, ни у кого.
К тому же вы так осторожно обходите рифы
Со мной в разговоре. Спешу поздравить заранее!
Опоздать я боюсь, а вдруг уйду далеко, не поздравив тебя?
Пеку пироги, а завтра, кто съест их — не знаю,
Возможно, я буду холодной лежать одиноко в кровати,
Навеки закрыв свои голубые глаза.
Так поздравляю тебя!

Приехали телефонисты в небо забрасывать провода.
Ругаются, курят «Приму», тянут воздушного змея.
На связи Господь — белая борода.
Дети дышат в трубку, разговаривать не умея.

They play hide-and-seek for money, blind man's bluff for fame,
these moonstruck versifying idiots.
It's a holy business to chew sandwiches,
coming home from school.
Ear shells preserve God's verbs.
Women's microcircuits have fifteen knives,
miniature casing and holes for earrings.

Anna Pavlovna calls me, deaf to the world.
"Dmitry! I could barely hear you.
Apparently, no one will make you change your ways.
That's why you tiptoe so carefully around my conversations.
May I be the first to congratulate you!
I'm afraid to be late, what would happen if I walked away
without blessing you first?
I'm baking bread but who will eat the loaves?
Tomorrow, I don't know,
I may be dying alone in bed,
the lids of my blue eyes sealed forever.
That's how I will greet you!"

The operators went up into the sky to cast off the wires.
Cursing, they smoke and drag their kites.
God is on the line, that old white beard,
The children breathe into the phone.
Words escape them.

Все, что приснится осенью, —
Запомнится и повторится.
Я старого себя боюсь
И полуживого.
Вот так и слово
Сначала мерещится и снится,
А после валяется на дороге,
Как потерянная подкова.

Все, что приснится летом, —
На грани любви и мародерства.
Ангелы влетают в сон,
Испытывают терпение.
И оставляют бога необитаемый остов,
Надеющийся на воскрешение.

Все, что приснится зимой и весной, —
Останется памятью черновика.
Человек неведомый большой и лесной
Ищет себе пристанище
В сумерках языка.

Everything that autumn dreams
Is remembered and repeated.
I fear my old self
And evade this half-life.
Words appear in dreams
And tumble on the road
Like lost horseshoes.

Everything that summer dreams
Hovers between love and savagery.
Angels fly through sleep,
Radiating patience.
They leave behind the
Empty skeletons of a god
Awaiting resurrection.

Everything that winter and spring
Dream will remain in the memory
Of this rough draft, this paper, as
The large, unknown wild man
Seeks cover in the refuge
Of duskily lit words.

Translated by Rebecca Gould

[НАУЧИ МЕНЯ ПЛЫТЬ]

Научи меня плыть, обнимая упругую воду.
Мне такая свобода знакома по переводу
на древесный язык растревоженной вёсельной лодки,
суховатый и горький, как ягоды черноплодки,
как валежника треск, как ночная тоска пешехода.

Посмотри, сколько лет, кем-то выброшенная на сушу,
ненасытных купальщиков влажные башни разрушив,
я бегу от себя, как поток остывающей лавы,
превращаясь в ландшафт, оставаясь навеки снаружи.
Как я трушу у каждой реки! Научи меня плавать.

Если всё совпадёт, если существованье продлится,
мы успеем взглянуть в изумлённые узкие лица
удивительных рыб и пройти несъедобным планктоном
через толщи времён и воды невесомые тонны,
и тогда..

[TEACH ME TO SWIM]

Teach me to swim, embracing the elastic water.
A freedom that reminds me of a rowboat's oar
rendered into a wooden bell's clapper,
dried up and bitter as black chokecherries,
as the crack of fallen limbs, an evening stroll's melancholy.

See how long I've been overlooked by them on dry land,
demolishing the damp towers of insatiable swimmers,
I flee, like a flow of cooling lava,
transformed into a landscape, remaining forever outside.
I fear each and every river! Teach me to swim.

And if everything finally comes together, if existence is prolonged,
we will have time to glance in amazement at the narrow
faces of marvelous fish and float past inedible plankton
through layers of time and waters' weightless tons,
and then...

Я прошу твоей нежности, у ног твоих сворачиваюсь клубком,
Превращаясь в зародыш и уже с трудом поворачивая языком.
Я мельчайший детеныш в подмышке твоей, не раскрой же крыла,
Чтобы я, пока не согрелась, упасть из него не могла.
Я дремучая рыба, не успевшая обзавестись хребтом,
Бесхребетная бессребреница с полураспоротым животом,
Не удерживаюсь, переваливаюсь по ту сторону твоего хребта,
За которым — вселенская тьма, космическая пустота.
Не покинь меня, вынь меня из толпы, извлеки на свет,
Прочитай по мне, что будет с нами за миллионы лет,
Проведи по мне. Я — это сборище дупел и выпуклых мест-
ностей, новостей, дл слепого — самый лучший текст.
Приложи ко мне раковину ушную, послушай шум
Всех морей и материков, приходящих ко мне на ум,
Всех тропических стран, всех безумных базаров, клокочущих слов,
Всех цикад и циновок треск, звон браслетов и кандалов.
Я бескрайняя ткань, можешь выбрать любую часть,
Пусть я буду выкройкой тем, кто потом попадет под твою власть.
Я люблю их за то, что они будут иметь запах твоего тепла,
Я ненавижу их, я умираю от подкожного рассыпавшегося стекла.
Скажи мне, что я птенец, что ты не отнимешь мен от своей руки,
Скажи, что мы будем жить на берегу никому не известной реки,
Мы станем сходить на дно, и снова всходить из вод,
Мы станем немы для всех, как рыбы, и невод нас не найдет.

I'm asking for your tenderness, your legs tied into a knot,

Transforming back into an embryo, already having trouble twisting a tongue.

I'm a more diminutive cub tucked beneath your arm. Don't set me free,

I'm not yet warmed up and wouldn't survive the fall.

I'm an ancient fish, having had no time to acquire a spine,

Spineless, ribless, with splayed open guts,

Unable to restrain myself, I flop over to your spine,

Beyond which is ecumenical darkness, a cosmic void.

Do not abandon me, pull me from the crowd, extract me from the fray,

Begin reading to me so that we'll have a million years,

Call on me. I am a mass of hollows, a distinct terrain of news,

A perfect text for the blind.

Attach an auricle to me, hear the murmur

Of all the seas and continents I've reached in my mind,

All the tropical lands, all the crazed markets, seething words

All the cicadas and the crackling of mats, jingling bracelets and shackles.

I am an infinite bolt of fabric from which you can select any piece,

Let me be a pattern for those who later will fall under your power.

I love them because they will have the scent of your warmth.

I despise them, I will die from this anguish, scattered glass beneath my skin.

Say that I'm a fledgling, that you won't take your hands from me,

Say that we will live on the banks of a river known to no one else,

We will dive to the bottom and once again rise up through the water,

We will be speechless as fish, and no net will find us.

Горы сдвигаются.

Реки выходят из берегов.

Птицы и облака стелятся низко,

почуяв гул.

Дом, сорвавшись с фундамента,

делает несколько осторожных шагов.

По ту сторону зеркала

кто-то пишет "ьвобюл".

То, что было стеклом, становится деревом.

Даже смерть

превращается в обморок,

стоит открыть нашатырный спирт.

Кровь совершает кругосветное путешествие.

Твердь,

ворочаясь, спит.

Нет ничего естественней

снега в апреле, дождя зимой.

Теплой и страшной осенью зяблики думают:

снова черед весны.

Только июнь не спутать ни с чем,

как давний полет во сне,

посередине фразы внезапное "ой".

Hills shift in unison.
>Rivers shed their banks.
Birds and clouds creep,
>sensing a low rumble.
A house, shifted from its foundation,
>takes several cautious steps.
>On the other side of the mirror
>someone has scrawled "evol."

What was glass became wood.
>Even death
>turns into a swoon,
>it's worth taking a sniff of ammonia.
Blood completes its round-the-world journey.
>The firmament,
>tossing and turning, rests.

>No, there is nothing natural
>about snow in April or winter rain.
In a warm and awful autumn, the chaffinches think
>it's once again spring
>Only June doesn't confuse them,
>like an ancient flight through snow,
a startling "hunh" in the middle of a phrase.

Будущее раскрывается,

как сердцевина цветка, —

сначала ужасно медленно, потом все быстрей и быстрей.

Лепестка

нового ожидая,

сердце бешеные "тчк"

отстукивает, и рвется ткань.

Больше тебе не спрашивать, кто ты есть

или где ты есть,

слепо живя внизу,

голову бросив вверх.

Здесь. Пахнет, как хвоя, грибница, влажный туес.

Фейерверк

марганцовки в стакане.

Ум за разум заходит, и оба уже не нужны

в этот день. Став землей бесконечной,

ни от кого не тая

то, что прятала долго, забудь о себе,

рассыпайся и жми.

Вот выходит дитя, чтобы спрашивать "я?"

The future will be uncovered

    like a heart-shaped flower, —

at first excruciatingly slow, then more quickly.

        Petals

      waiting anew,

        furious hearts "thrum"

      strumming, tearing at the fabric.

I won't ask anymore who you are,

      or where,

    blindly living at the bottom,

      head tossing above.

Here. A scent like pine needles, mycelia, damp birch baskets.

        Fireworks

    manganese crystals in a glass.

      At wit's end and unneeded

  on that day. Becoming an infinite land,

uncovering what had

    been hidden for so long, forget yourself,

          scatter and reap.

    Here's a child not wanting the meaning of "I."

Translated by Christopher Mattison

МАГИ

А. Л. Верлинскому

— Ты не находишь?

— Нет, я теряю. Часы, ключи,

Путеводители, деньги, звезду в ночи.

Если б меня послали нести дары

Чудо-ребёнку, так бы и ждали, сидя у конуры …

В смысле, у хлева … В смысле, у яслей … Видишь, я даже нить

Мысли теряю … Мне ли на Минотавра с вилами выходить?

Минотавр — это хищная разновидность кентавра.

Все они в свой черёд

Под кнутом эволюции превратились в велосипед,

На котором берлинской ночью, густою, что липов цвет,

Я вращаюсь по парку, похожему на браслет

На запястье прислужницы в тех яслях … на тёмной доске в углу

Галерейной невнятицы … У неё на ночном ветру

Слёзы катятся из неподвижных вишнёвых глаз …

И вокруг неё столпотворенье. Откуда? В тишайший час

Человечества? Но кто толковал сие

Сновидение Библии, тот видел не остриё

Инструмента религии, вонзившегося в ту ночь,

А базарную давку волхвов, петухов и проч.

Как мне нравятся эти бесстыдство и спешка: с криком «Держи вора!»

Всё впихнуть в свой пропахший сеном и салом худой мешок:

THE MAGI

To A.L. Verlinsky

You don't find?

No, I lose. Watches, keys,

Travel guides, cash, the Christmas star.

If they'd sent me to carry gifts

To the holy babe, they would have sat there waiting by the kennel …

I mean, the pig-sty …, the manger … See, I even lose

My train of thought … Am I someone to send against the Minotaur?

The Minotaur is a predatory type of centaur.

Each in its stead

Under the lash of evolution has turned into the bicycle

I ride in the Berlin night thick as the color of lindens,

Circling around a park shaped like the bracelet

On the wrist of a servant in those mangers … on a dark plank in the corner

Of the museum's twilight … In the night wind

Tears stream from her fixed cherry eyes …

And all around her bedlam. Why? At mankind's

Quietest hour? But whoever interpreted

That Biblical dream did not discern the sharp edge

Of religion's instrument piercing that night

But the market crush of magi, roosters, etc.

How I like that greed and hurry: one shouts "Grab that thief!"

And shores things in a worn bag smelling of hay and cooking fat:

Этот волхв преподносит жабу, тот — птицу, тот — комара,
Тот — совсем уж пропащий — дымящийся ком кишок,
От ягнёнка оставшийся … Повсюду возня, игра,
Крики, блеянье, хохот … Сказала уже — возня
Персонажей Писания … Иосиф: «Сюда нельзя!»
Завывает и загораживает жену,
И младенец её от страха отрыгивает слюну …

Вот он, собственно, из-за которого весь сыр-бор,
Он лежит на её коленях, пунцовый, как мухомор.
Лишь клинически отвлечённый ум различил бы в нём
Придающего Стройность Бесчинству, В Котором Живём-Умрём.
Остаётся лишь верить на Слово. Может, и вправду так.
Потому что даже на этой картинке привычный мрак
Расступается перед ним, как толпа — пропустить царя,
И за ним сгущается снова. Нескоро ещё заря.

This king offers a toad, that one — a bird, another – a gnat,
And this one — he's a total wreck — a smoking ball of entrails,
The remains of a lamb … Everywhere haggling, games.
Cries, bleats, laughter … Like I said, Biblical characters
Haggling … Joseph: "Stay out of here!"
He protests and protects his wife,
And her infant spits up drool in its fear …

So here he is, the reason for all the fuss.
He lies in her lap crimson as a mushroom.
Only the abstract clinical mind would detect in him
He Who Brings Order to Chaos, In Whom we Live and Die.
All you can do is take the Word for it. Maybe it's all true.
Because even in that painting the usual gloom
Parts before him like a crowd before an emperor,
Then closes behind him. There won't be another dawn soon.

Замечен мною был безумец,

Гроза берклийских улиток,

На голове его чёрная диадема,

В руках — трезубец.

Он их подкарауливает на клумбах, возле калиток,

Он ловит их на газонах, и хрясть ногою …

На земле остаются скорлупки и сгустки слизи …

Ты просила меня написать о жизни — пишу о жизни.

Поразительно часто она предстаёт такою...

Элементарною... в нашем посёлке дачном,

Населённом зверьками и выродками, увитом

Нестерпимо зелёными нитями (Уильям Моррис

Повлиял на это убранство). С надменным видом

Мой младенец свои владенья — сквозь жар иль морось —

Объезжает в своей тележке, влекомой мрачным

Предводительством бабушки (эта — скорей Росетти,

Эта бронза под патиной, роза под паутиной).

Никого им не нужно, как будто одни на свете —

Два причудливых зверя, вплетённых в узор единый.

Вот они замирают в безмолвии над улиткой,

Пережившею холокост от клюки соседа.

Вот они замирают в безмолвии над уликой,

Иероглифом к ним приползшей с иного света.

Наклоняется Нонна, и Фросенька резвой ножкой

I remarked the madman,
Scourge of the Berkeley snails,
On his head a black diadem,
In his hands a trident.
He stalks them in flowerbeds by picket fences,
Catches them on lawns and crunch with his foot ...
Left on the ground are bits of shell and clumps of ooze ...

You asked me to write about life so I'm writing about life.
With amazing frequency it looks like this...
Elementary... in our suburban village,
Populated by small beasts and rejects, embroidered
With unbearably green threads (William Morris
Influenced the decor). With haughty mien
My infant — rain or shine —
Surveys her kingdom in a stroller drawn
In the gloomy suite of her grandmother (she's more Rossetti,
That patina on bronze, pattern of spiderweb on a rose).
They don't need anyone, like they're all alone in the world —
Two fantastical beasts woven into a single mural.
Now they pause in silence over the snail
Who died in the holocaust of a neighbor's cane.
Now they pause in silence over the victim,
Who had crawled like a hieroglyph from another world.
Nona leans over, and Frosenka beats one light foot

Ножку бьёт, нависая над гравием, над дорожкой:
Что они там видят? Скажи мне. И что там слышат?
И куда направляются каждое утро вместе? —
В предвкушении тех, кто движется, плачет, дышит,
Производит важные вести.

Against the other as they hang above the gravel, above the path:
What do they see there? Tell me. And what do they hear?
And where are they going each morning together? —
Forerunners of all who move, cry, breathe,
Perform great deeds.

Мы встретились в воскресение нет не то

Мы встречались и раньше но это было не то

Ты кофе пил через трубочку да ну и что

Голь перекатная птица залётная конь в пальто.

И ты взял меня за руку взял меня на руку взял меня.

И дерево в красных ягодах и гора и гора

И мы смеялись и слушали и Господи всё фигня

И дерево в красных ягодах и кора и кора.

И мы имели друг друга не останавливаясь как звери в бойницах нор.

И хоть всякая тварь после событья печальная да мы не всякая тварь.

И мы росли из всякого сора и мы разгребали сор.

И ты втирал мне в кожу зёрна жемчужны. Вот уже и январь,

И у нас тут, я извиняюсь, магнолии распустили пёсьи свои языки

Розовые на сером фоне осадков, и каждый раз, проходя

Мимо этих чудес, вспоминаю запах твоей руки,

Оторванной от меня, оторванной от тебя.

We met on a Sunday no that's not it
We had met before but that wasn't it
You drank coffee through a straw and so what
Down and out, rolling stone, gun in your pocket.
You took me by the hand, took me in hand, you took me.
And the tree thick with red berries and the hills and the hills
And we laughed and listened and God knows what else
And the tree thick with red berries and the bark and the bark.
And we had each other not stopping like hunted beasts.
And though all creatures get sad after the act well we're not just any creatures.
And we grew from any old garbage and raked through garbage.
And you pressed the pearls you found into my skin. Now it's January already,
And the magnolias here, pardon the image, have put out their dog tongues
Pink against the gray precipitation and every time I walk by
These wonders I remember the smell of your hand
Pulled from me, pulled from you.

Translated by Catherine Ciepiela

ДАНИЛА ДАВЫДОВ

[ПЛАКАЛИ ДЕНЕЖКИ ПЛАКАЛИ]

плакали денежки плакали горючими слезами заливались

что же ты нас ванечка отдал за пустяшную безделушку

что же ты нас отдал в чужие руки мы так к тебе привязались

целыми днями песни заморские пели тебе смотрели глазами иноземного
    президента

обещали щастие вечное да благодать

ты бы прижал нас к сердечку спрятал бы в надежное место

в пятилитровой коммерческой банке хранил бы говорил: плодитесь и
    размножайтесь

мы бы стали тучны как стада праотца твоего плодоносны как сады
    праотца твоего

прославился ты бы чрез нас в языках стал бы чрез нас самым главным

зодчие выстроили бы тебе офис из золота механики сделали бы хрустальный
    автомобиль

жил бы счастливо долгие годы а потом помер

теперь же судьба нам прозябать в мелочной лавке

отдаваться сдачей за канцпринадлежности и булавки

[GREENBACKS WEPT SOBBED]

greenbacks wept sobbed shed streams of bitter tears

why did you give us away oh vanya for a silly trinket

why did you give us away into unknown hands we've grown so attached to you

for days we sang foreign songs for you gazed at you with a foreign president's eyes

promised eternal happiness and bliss

you could have pressed us to your heart hidden us in a safe spot

could have kept us in a two-gallon commercial tank and told us to be fruitful
and multiply

we would have become plump like the herds of your forefather fertile like the
gardens of your forefather

through us your fame would travel across languages through us you'd become
the boss

carpenters would build you an office of pure gold mechanics would make for you
a car of pure lead crystal

you'd live happily ever after and then croak

and now our fate is to languish in a corner store

to be given away as change for office supplies pins and buttons

у персон начальственных

цветные сновидения

комфорт и наслаждения

тарантино дэвид линч

ну а кто поменьше рангом

тем газетная реклама

мусоргский по музтэвэ

коммунизм в картинках

ну а самым неказистым

выключают газ и воду

отрубают интернет

заколачивают окна

опечатывают двери

на глаза кладут повязку

кляпом затыкают рот

all the head honchos

have at night dreams full of color

comfort and luxury

tarantino david lynch

and those of a lesser rank

they get newspaper ads

mussorgsky on MTV

communism in pictures

well and the most negligible

get their water and gas turned off

their internet disconnected

their windows boarded up

their doors sealed

their eyes blindfolded

their mouths gagged

категорически не согласен
вы
полагаете:
это такая вещь, которую, мол
как бы не так
в нашей дискуссии
отсутствуют, как минимум, две составляющие
первое: люди изготовлены несколько иначе
нежели ваши хвалёные *образцы*
второе: когда, лет восемь или девять назад
я обсуждал сходную проблему с доктором гибаряном
он утверждал: *плазма и только плазма*
(ну и третье, кстати, коли припомнилось, хотя и не для протокола:
кто вы такие? зачем вы пришли к нам
с вашими заковыристыми вопросами? мы
сидели в своем паучьем углу
не пели и не плясали только писали плохие стихи о хороших вещах
не было не было повторяю у нас никаких проблем
не было не было подчёркиваю у нас разговоров о тонких материях
только лучинушка да дубинушка
да кибернетический мозг устаревшей конструкции
за окном пасутся электроовцы и так бы всегда
да вот нет припёрлись припёрлись)
думается рано ставить вопрос на голосование

I strongly disagree

you

suppose

this is a thing that allegedly

well well

our debate

at the very least lacks two components

first: humans are made slightly differently

from your much-vaunted *replicants*

second: when some eight or nine years ago

I discussed a similar problem with dr. ghibarian

he insisted, *plasma and only plasma*

(and third, by the way, while I'm thinking of it, although this is not for the minutes:

who are you? why did you come to us

with your trick questions? we

sat in our cobwebbed corner

did not sing or dance only wrote bad poems about good things

we had no, I repeat, no problems of any kind

we had no, I insist, no conversations on sophisticated matters

only torches and clubs from the old folk song

and a cybernetic brain of an obsolete design

electric sheep graze outside the window and this would have been forever

but no you came you dragged yourselves here)

it seems it's too early to bring the issue to a vote

пока не требуют поэта

но вот вот уже и потребовали

сказали чтобы садился рядом

чтобы чувствовал себя как дома

чтобы типа не парился

наливают потом ещё наливают

потом говорят: свободен иди

погружайся в заботы мира

meanwhile the poet isn't summoned
but wait now they've summoned him
told him to sit down
make himself at home
everything's fine no sweat
pour him a drink then another one
then say, you're free now go
immerse yourself in the world's concerns

Translated by Vitaly Chernetsky

[НУ, ЖИРАФСТВУЙ. Я В НАШ ГОРОД ВЕРНУЛАСЬ]

Ну, жирафствуй. Я в наш город вернулась.
Я смешная в этой кожаной куртке.
Из-под ног выскакивают кулицы
и вспархивают переутки.

Мы живём в Москве, мы — москиты,
впившиеся в Красную лошадь.
Оставляю все медвери открытыми
и волкна тоже.

Я на зебрах не пишу своё кредо.
Лишь на заячьих листочках капустных.
Мы змеёмся каждую среду,
но зато по четвергам нам мангрустно.

Раньше буйвольски хотелось анархий,
а теперь глаза от кротости узкие.
Расскажи мне про мои щёки хомягкие
на языке кенгурусском.

[SO, HIENA. I HAVE RETURNED TO OUR TOWN]

So, hiena. I have returned to our town.
I am comical in this leather topgoat.
From beneath my legs jump buckyards
and cardinalleys flutter.

We live in Moscow, that makes us mosquitos,
used to drinking at the Red Mare.
I leave my doormice open
and my windoes also.

I don't write my credo on crossfox
or on hary leaves of cabbage.
We cockle every Wednesday,
so, Thursdays, of course, we're mouserable

Once the allitator wanted anarchy
but now boardom makes him squint.
Tell me about my minxoft cheeks
in the language of kangorussian.

Бабушки охали — что же такое будет.
Бабушки охали — как же все это станется.
И я понимала — меня растят на убой
Какому-то чувству чудовищного размаха.

И вот — мне уже возмутительно много лет,
А чувства такого все нет и нет.

И я знаю — есть женщины, из которых все до одной
Могут встать стеной.
И сказать — что мол «наши мужья нам нравятся
Больше Джереми Айронса!!!»

Но я никогда не видела их мужей,
Не снимала с них галстуков, не целовала их шей.
И возможно поэтому
Мне так никто и не нравится.
Кроме, конечно же, Джереми,
Джереми Айронса …

The old ladies sighed — what is going to happen.
The old ladies sighed — how's it all going to end.
And I understood: They're grooming me for slaughter
By some feeling with a monstrous impact.

But now, I am astonishingly old,
And that feeling never, never comes.

And I know — there are women who, to the last,
Will unilaterally rise
And say, well, "We like our husbands
Better than Jeremy Irons!"

But I never saw their husbands,
Never took off their ties, never kissed their necks.
And that's why it's possible that
I don't like anyone.
Except, of course, Jeremy,
Jeremy Irons …

А я говорю: это душ родство.
А мне говорят: баловство.

А я говорю: нет, нет, нет, и вправду родство.
А мне говорят: бесовство.

А я говорю: ничего такого, родство.
А мне говорят: по-видимому, воровство.

А я говорю: так как же мне быть с родством?
А мне говорят: потерпи, и пройдет постом.

А я говорю: мне никак нельзя без родства,

А мне говорят: так-так-так, регион Москва,
регион Москва, регион Москва, регион Москва,
регион Москва, двое суток до Рождества.

And I say: This is the soul of a relationship.
And they tell me: Nonsense, it isn't.

And I say: No, no, no, it's really a relationship.
And they tell me: That's crazy, it isn't.

And I say: No way, it is a relationship.
And they say: It's larceny, then, isn't it?

And I say: So how should I feel in a relationship?
And they say: Hold on, it'll pass with a diet.

And I say: I can not, can't be without a relationship.

And they say: Yes, yes, yes, a Moscow township,
a Moscow township, a Moscow township, a Moscow township,
a Moscow township, still two days to Christmas.

Я выверяла все поступки,
Я так скупилась на ошибки,
Что если вдруг тянула руки,
То лишь в Макдональдсе к сушилке.

Но он повел меня на митинг,
Потом в метро, потом под зонтик,
Не говоря ни извините,
Ни, разумеется, позвольте.

И я смеялась очень нервно,
А он смеялся симпатично.
Он так смеялся, глядя в небо,
Что даже вылетела птичка.

Был день так долог, путь так труден,
Что уронив за ванну мыло,
Я вдруг решила — будь, что будет.
И вправду — было, то что было.

I checked out all the steps,
I begrudged all the mistakes,
That if I had to reach, then I'd only try
For a McDonald's dryer.

But he took me to a *meeting*, then
Down to the metro, and under a small umbrella
Neither saying excuse me,
Nor, of course, permit me.

And I laughed very nervously,
And he laughed so attractively,
He laughed so, looking at the sky,
That a bird flew up and by.

It was a day so long, a path so tough,
That the soap fell behind the bath,
I suddenly decided: let be what will be
And really, it was that at that.

Самые лучшие стихотворения, ей-богу,
они не про измены мужьям, не про измены женам,
они напоминают списки вещей в дорогу,
необходимых, красивых и разрешенных.

Обычно они про осень, про белые печи,
про то, как строят дома, как взбивают масло.
Они так редко о том, как все могло быть прекрасно,
они скорее о том, что не должно быть и речи.

The best poems, I swear to God,
aren't about unfaithful husbands, unfaithful wives.
They remind you of a list of things for the road,
essential, beautiful, permitted.

Usually they're about autumn, about white ovens
about how homes are built, how butter is churned.
They are rarely about the fact that everything could be lovely;
they are more often about what we shouldn't mention.

Translated by Larissa Shmailo

[ТАК ВНУТРЬ ГЛИНЫ ЦЕЛОЙ]

Так внутрь глины целой, надавливая слегка,
гончар опускает сведённые пальцы, пока
не образует вмятину, а после разводит, пока
пустота внутри не достигнет размера задуманного горшка.

так нога мерно и мерно снуёт вперёд и назад,
а затем взлетает, потому что скорость и так велика.

так сжимает горлышко, чтобы стало уже,
и острый нож прижимает к ножке, чтобы стала ровней,
так смачивает ладонь водой и оглаживает снаружи,
а после сушит, подрезав донце струной.

а после, боже мой, что после станет со мной —
могла бы подумать, если могла бы думать,
чашка, ожидающая свой страшный суд,
потому что её поставят в печь и на ночь запрут,
и двести, триста, четыреста градусов выставят на табло,
вплоть до градуса, при котором плавится стекло,
до градуса, при котором плоть превращается в прах.

ты ведь прахом была, и больше, чем прахом, тебе не быть,
сказал бы чашке гончар, если бы мог говорить.

[THUS INTO THE CLAY MASS]

Thus into the clay mass, pressing slightly down,
the potter lowers his gathered fingers until
he forms a dent, and then draws it open until
the emptiness within attains the size of the imagined pot.

thus his foot regularly, regularly darts forward and back,
but then flies up, because the speed's already great enough

thus he compresses the neck, to make it narrower,
and presses a sharp knife to the base, to make it more even,
thus he moistens his palm with water and smoothes it from outside,
and afterwards dries it, first cutting the bottom off with a string.

and afterwards, "my god, what will come of me afterwards?"
it could wonder, if it knew how to wonder,
the cup which awaits its last judgment,
because they'll put it in the kiln and lock it overnight,
and the gauge will show four, six, eight hundred degrees,
right up to the degree where glass melts,
to the degree where flesh turns into dust.

"for verily you once were dust, and more than dust you shall not be,"
the potter would say to the cup, if he knew how to speak.

Без неба и без занавесей — с одной
стеной, вставленной в оконный проём,
с другой стеной, свернувшейся вокруг меня,
и арку круглую выгнувшей надо мной,
и скользкий пол размазавшей подо мной, —
как мне здесь жить одной, — так жалуется улитка,
чувствуя, что приближается послеполуденный зной.

а влагу летучую удержать как —
засыхает слизняк, распластанный на листе,
и умирает в своей бессмысленной красоте,
не так на кресте из тонких ран на ногах
убегает сангина, превращаясь в кирпичный прах,
потому что утро умерло, приближается зной.

Катерина Александрийская стала святой женой.
солнце выпало золотым жгутом, в двойной обруч забрав
голову и руку, покинувшую рукав.
младенец, воскресший в теле, пропустовавшем три дня,
внемлет её молчанью, своё молчанье храня —
что я сделала, господи, что ты меня полюбил.

раскрутит улитка твердь своего скелета,
растечётся в своём увечье,
ты молчишь, потому что ты речь, не требующая ответа,

"Without sky and without curtains — with a single
wall, framed in a window's aperture,
with another wall wrapping around me,
and the round arch bent over above me,
and smearing the slippery floor below me —
how can I live here alone?" so the snail complains,
sensing that the afternoon heat approaches.

and how to maintain the fleeting moisture —
the mucus dries up, layered on the leaf,
and dies in its insensible loveliness,
not the way sanguine chalk runs from fine wounds in the feet
onto the cross, transforming into brick dust,
because morning has died, the heat approaches.

Catherine of Alexandria became a holy woman.
the sun turned out a golden plait, gathering in a double hoop
the head and the arm that had forsaken its sleeve.
the infant resurrected in body, who lay fallow three days,
attends to her silence, preserving his own silence —
what have I done, lord, that you should come to love me.

the snail unfurls the firmament of its skeleton,
flows away in its mutilation,
you keep silent because you are speech that demands no answer,

я молчу, потому что речь течёт предо мной,
Катерина Александрийская никогда не спросила об этом —
что с ней станет, когда она станет святой женой.

скрутит сторож свой факел из мусора и смолы,
раздавит бедное тело свои неровности и углы,
заставят меня раздать неимущим суставы и позвонки
и отпустят огненную мою работу разбрасывать вверх зрачки —
потому что она и тогда не захочет отнять руки.

беги, ломайся, крепкий кремниевый покров,
крадись, скудная кровь из-под моих ногтей,
наилучшая из смертей протекает внутри меня,
пусть убивает, пока я к тебе готов.
сколькими солнцами выжжешь воду внутри меня,
чтобы она растеклась, свой бледный багрец храня —
бледный моллюск остывает от красноты,
выпитый белым зноем растрескавшегося дня, —
что я сделал, господи, что ты меня полюбил.

I keep silent because speech flows before me,
Catherine of Alexandria never did ask about that —
what would become of her, once she became a holy woman.

the watchman will roll up his torch of trash and pitch,
the poor body will crush its rough places and corners,
they will force me to distribute my joints and vertebrae to the poor
and they'll bring down my fiery work to scatter it above the eye —
because even then she won't want to pull back her hand.

run, break apart, firm veil of silica,
steal up, meager blood from under my fingernails,
the best of deaths is flowing by inside me,
let it kill while I am ready for you.
with how many suns will you burn out the water inside me,
so that it flows all around, preserving its pale crimson —
the pale mollusk grows chilly from the redness,
drunk up by the white heat of the crackled day —
what have I done, lord, that you should come to love me.

[КАК ШКОЛЬНИК]

Как школьник, фонарем вооруженный
под одеялом шерстяным
зачитывается за бдением ночным
каким-то чтеньем незаконным,
как школьник, щупающий нёбо языком,
желая разбудить возможную ангину —
я замышляю день, когда из мира сгину,
и черный хлеб мешаю с молоком.
холодный ветер лепит из воды
шершавую кору на бледном тротуаре,
в сияющей воде мешаются янтарь и
свинец, и надо всем — висячие сады
из каменных цветов и черноты оконной,
из электрического бдения витрин,
и бледный свет, как очерк будущих руин
из тьмы вытаскивает узкие колонны,
и краешек стены, обманчиво шершавый,
и все, что кажется достойным права
быть дальше, после ржавчины и тли,
пришедшей электричеству на смену,
как голый плющ, перетянувший стену
на сторону земли.

Like a schoolboy who, armed with a flashlight
under a woolen blanket,
sinks into some kind of illicit reading
during a nocturnal vigil,
like a schoolboy who probes his palate with his tongue,
wishing to awake the possible tonsilitis,
I imagine the day when I'll vanish from the world,
and I mix black bread with milk.
the cold wind shapes the water
into a prickly crust on the pale sidewalk,
amber and lead are mixed in the gleaming
water, and above it all are hanging gardens
of stone flowers and the windows' blackness,
the electric vigil of shop windows,
and the pale light, like a sketch of future ruins,
drags narrow columns out of blackness,
and the edge of the wall, deceptively prickly.
and all that seems worthy of the right
to exist henceforth, after the rust and aphid
which have come to take the place of electricity,
like naked ivy, stretched over the wall
in the direction of the world.

Translated by Sibelan Forrester

(ДНЕВНИК МАРИИ)

Я хотела тебе сказать, что альпийский ракитник
в цвету, и глицинии, и боярышник, и ирисы тоже на
чинают цвести … Тебе бы это понравилось.

Из дневника Марии Склодовской-Кюри

… Был короткий дождь; в кабинете пахнет листвой,
и бельем в тазу, и карболовой кислотой.
А вчера принесли письмо «для месье Кюри».
Я опять курю; перестань меня укорять,
я раскрыла окна — мне некому не доверять,
если ты стоишь у двери,
а с крыльца до садовой калитки бежать стремглав
ровно те же твои двенадцать, мои тринадцать шагов.
Опишу тебе, как живет, оживает сад,
каждый день возвращаясь, оборачиваясь назад,
вот послушай: альпийский ракитник опять в цвету,
и глицинии, и ирис уже разомкнул бутон,
ты бы сам всё увидел, если бы ты был там —
как крыжовник юнеет и ветки кладет в траву,
и боярышник плачет красным, и терпко еще во рту
от зеленых яблок, которые не сорвать,
и земля раскрывается: из нее течет молоко, и хлеб
переламывается на два куска,
да, ты слышишь молочный всхлип, я пишу взахлёб,
но рука не бежит так быстро, и лампа жжет у виска.

(MARIE'S DIARY)

I meant to tell you that the alpine broom has blossomed,
and the wisteria, the hawthorn, and the iris are also
coming out … You'd love it.
             from Marie Sklodowska-Curie's diary

… there was a brief rain; the study smells of wet leaves
and laundry in a tub and carbolic acid.
Yesterday a letter came "pour monsieur Curie."
I'm smoking again; stop scolding me,
I've opened the windows — there's no one can betray
me while you stand in the doorway
and I can dash from the porch to the garden gate
exactly your twelve, my thirteen steps.
I want to describe how the garden's coming to life,
each day returning, coming back to itself,
so pay attention: the alpine broom has blossomed,
the wisteria, too, and the iris buds have opened,
you'd see it all yourself if only you were here —
how the gooseberry rejuvenates, bending its branches into the grass,
and the hawthorn weeps red, and my mouth puckers
from green apples not ready for picking,
and the earth opens: milk flows forth, a bread
loaf breaks apart into two,
surely you hear the milk's slurp, I'm writing wildly to you
but my hand's not fast enough, and the lamp is hot next to my head.

А под яблонями прохладно, утренний вдох так свеж,

как вечерний, но только с листьев стекает свет,

о, тебе бы это понравилось, если бы ты был жив,

а мир оставался лжив,

но мы знаем правду, и правда в том, что тебя

нет, и даже легких следов не найти теперь

на промытом гравии, а только в той глубине,

где никто из нас никогда не будет вполне.

И из этих глубин, отделяясь от притолоки дверной,

ты выходишь в сад, чтоб собрать покой, как букет,

а в моем дневнике подгорает уже бекон,

потому что я засмотрелась, как тебя встречает левкой,

рододендрон кладет тебе голову на плечо,

вы стоите обнявшись — человек и его цветок,

и подсолнух медленно крутит очередной виток,

и корням его в глубине земли горячо.

Если будут тебя искать под землей, найдут молоко

из моего стакана, и хлебные крошки, и жимолость на ветру.

Но никто пока не приходит и не просит тебя отдать.

Это наша с тобой неразрывная благодать.

Это дождь опять во дворе стучит по ведру

далеко-далеко.

It's cool under the apples, morning's breath is as fresh

as evening's only the light runs off the leaves —

oh you'd love it if still you were living

and the world were just as lying;

we know the truth, and the truth is that you've

gone and now there's not even a trace

on the rainwashed gravel — only way deep down

where none of us can ever really be found.

Out of those depths, moving off from the doorway lintel,

you go out in the garden to gather a bouquet of peace,

while in my diary bacon is already smouldering

because I kept watching how the wallflower greets you,

the rhododendron lays its head on your shoulder,

and you stand there embracing, a man and his flower;

the sunflower takes its slow usual turn with the hours.

and way down in the earth its roots are kept warm.

If they go looking for you under the earth, they'll find milk

from my glass and bread crumbs and honeysuckle air

So far no one has come and asked for you back.

It's your and my indivisible grace.

It's the rain in the yard again striking a pail

far, far away.

Ленточки, ленточки, ветер в кудряшках,
В пятидесятиках, пятидесяшках,
В юбках-оборках, руках-замарашках —
Не опусти-упусти:
Это ковровые и строевые,
Это дорожные шрамы кривые,
Пороховые вокруг роковые,
Пахнущий безднами стиль,

Черное-белое на клавикордах
Фотозатворов … ты помнишь? покуда
Время кончалось в любую секунду,
Нас бесконечность ждала —
И накатила, и катит по МКАДу,
С бою столичную взяв баррикаду,
Над пустотой заломляя кокарду,
С посвистом из-за угла,

С голосом звонче любой подфанеры …
Это Джиневры поют, Гвиневеры,
Это Секонды-моей-допогуэрры
Голуби из кинолент,
Свадьбы окопны, прощания скоры,
В госпиталях эпидемия кори,

Ribbons, little ribbons, the wind in curls,
Fifties figures, long-hair glow,
In shifts and flounces, sleeve-messy girls,
No let-it-down — let-it-go:
It's carpet-bombed plat-like, flat and parade-like,
It's never-mind-shoulders curvy road play-like,
It's boom-boom going all-night-and-all-day-like,
The style that smacks of below.

Like black-&-white keys the shutters you snapped
Made black-&-white photos ... remember? Time zapped
In any one second — as easy as that —
While eternity hung around waiting for us —
And rolled in and on down the Ring Road
Taking the barricades over in a capital spat,
On the ruins doffing its star-badged hat,
Whistling a back-alley fuss,

With a voice that vibrates more than a backup —
It's the Ginevras a-singing, the Guieneveres, too,
I Secondi of my *Dopoguerra* — my post-World War II,
Doves you saw in the movies,
Foxhole weddings, leave-takings soon,
Measles in every hospital room,

Вместо медали — неловкие кадры
Стертых локтей и колен,

Это мишень — нарукавное сердце:
— Вы полагаете, будет носиться?..
Как лоскутком погорелого ситца,
Родина машет платком —
Пестрое пламя струится, трясется:
Это качаются флаги на солнце,
Слово любви начинается с «соци-» —
И превращается в «ком-»

Просится в строй, отдает солидолом ...
Колокола раздувают подолы,
И тишина созревает тяжелым,
И замирает весна —
Помнишь, шуршали почти как звенели
Мятые платья из сизой фланели ...
Время закончилось, мы поумнели,
Мне ли, ну мне ли не знать

Длящейся вечности взглядов совиных,
Пуговиц тесных на всех горловинах:
Муж — котлованы, жена — пуповины ...
Боже, какого рожна
Нас прижимает к земле половинной:
Старятся руки, сгибаются спины ...
Если одна половина невинна —
Значит, другая грешна,

Medals replaced by raw negatives
Of strawberried elbows and knees,

A target it is — a heart on a sleeve:
Do you really suppose it will ever be worn?
Like a shred of a burned-up calico piece
The homeland is waving its old, torn
rag — a striped flame streaks and shakes
Like flags swinging back and forth in sunlight;
Love as a word starting off with "soci-"
And turning into "com-"

Wanting to line up, stinks of machine oil …
The bells blow out hemlines and hills,
The heavy silence grows heavier still,
And spring in its form freezes slow —
Remember they rustled almost like ringing
The dove-colored flannel dresses in spring …
Time has come to an end; we've learned a thing
Or two — think I didn't know

How long forever stares like an owl,
How tightly buttoned were all open holes?
The wife the cord, the husband the mole —
Lord, what do we need
That presses us hard against half the earth?
Hands grow old, spines bend low,
If one half of the world is innocent
That means the other half isn't,

По вертикали, по горизонтали —
Красный кирпич, самолеты из стали,
Кто-то становится selfish и stylish,
Кто-то уходит в расход,
Как мы устали, мы так не хотели —
Но самолеты уже пролетели,
Нам обеспечены только постели
Для нарожденья пехот,

Для сотворенья военного рая:
Раз — прорастают, стоят, выгорают,
Два — трепыхается ленточка с краю,
Три — запевай, твою мать,
Будешь героем, посмертно — героем …
Душно, проснемся и окна откроем —
Ветер приносит такое, такое —
Слёзы и не рассказать.

Along the verticals and horizontals,
Bricks that are red, airplanes of steel,
Someone's becoming *selfish* and *stylish*,
Someone'll pay all he's worth.
How tired we are, we didn't want this —
But the planes have already flown overhead,
And the only thing granted us is a bed
To give new infantry birth,

To build a heavenly haven for war;
One: they spring up, stand, wipe out;
Two: the ribbon end flutters and flaps;
Three: sing it out, "up yours!"
You'll be a hero, a posthumous hero ...
Stifling — we'll wake and open the windows,
The wind always brings such a, such a —
There's no telling for tears.

это каждое утро, это долгие годы длится:

сколько мне, блин, под дверьми тут еще молиться,

алина, мне уходить, мне надо накраситься, выйди уже из ванной,

выйди из ванной, оторви свою задницу от дивана,

делай же что-нибудь, делай, так всю жизнь пролежишь без дела,

а она отвечает: поменьше бы ты … болтала,

больше бы делала; посмотри, я легко одета,

мои руки тонкие, кожа не просит еще апдейта,

я цвету, у меня нет глаз, чтоб учиться бояться мира,

покорми меня, я голодная, если ты меня не кормила;

не ругайся, не измывайся, я умру от твоих ироний,

кто ты есть, чтобы знать и судить о моей трехгрошовой роли,

да, ты каждое утро ждешь меня возле ванной,

но я та, которая не предаст тебя целованьем,

подожди, пять минут не время, не рвись — сорвешься,

раньше выйдешь и раньше судьбе своей попадешься,

не оставь меня, не кричи на меня, дура, дура,

я с рожденья по части силы тебе продула,

я одно могу: я тебя бесконечно тоньше,

вот, я вышла к тебе, я люблю тебя, я люблю тебя. — я тебя тоже.

happens every morning, been going on for years —
damn it, how long do i have to stand begging out here —
alina, i've got to go, do my face, get out of the bathroom.
out of the bathroom, get your ass off the sofa,
do something, anything, your whole life you do nothing but loaf and grunt —
and she answers: why don't you stop being a ... cat —
do more — look at me, i dress just like that!
have fine hands, skin in no need of an update —
i'm blooming, not looking for ways to be publicly scared —
give me something to eat when i'm hungry if you have it prepared —
no scolding, no scoffing, your sick jokes will kill me —
who are you to be judge of my two bit role?
yeah, every morning you wait at the bathroom door,
but i'm not one who'll kiss and tell;
just wait, five minutes don't matter, take it easy — you'll pop —
the sooner you're out, the sooner fate will catch up —
don't leave me, don't yell, you sweet, silly fool,
all my life i've been losing to you whose strength rules,
but one thing i have: i'm infinitely slimmer than you —
here, i've come out; i love you, i love you. — i love you too.

Translated by F. D. Reeve

АННА РУСС

[НИКОГДА НЕ КОНЧИТЬСЯ ДЕТСТВУ]

Никогда не кончиться детству, голубому шару не сдуться,
Детство будет манить загадками и заветными звать местами,
Баба с дедой не поседеют, мама с папой не разойдутся,
И пломбир в стаканчике вафельном никогда дороже не станет.

Никогда семья и работа в перспективе не замаячат,
Никогда с одежды парадной не исчезнут банты и рюши,
Никогда не сломается кукла и не лопнет любимый мячик,
Никогда не умрет артистка, говорящая голосом Хрюши.

Будет обувь всегда на вырост, будут слезы обиды сладки,
Никогда любимого мальчика не заменит любимый мачо
… а река обретает форму безутешной плюшевой лапки
и несет в открытое море мой веселый и звонкий мячик.

[CHILDHOOD WON'T EVER END]

Childhood won't ever end, the blue balloon won't blow away.
Childhood will beckon with riddles and call with its secret places,
Grandma and grandpa won't go grey, mom and dad won't get divorced,
And the wafer-cone ice cream won't ever be more expensive.

Family and work won't ever start to loom up ahead,
The bows and ruffles won't come off your fancy clothes,
The doll won't get broken, your favorite ball won't go flat.
The actress who speaks with Piggy's voice will never die.

Your shoes will have growing room, your wounded tears will be sweet,
The boy you love will never give up his beloved macho
… and the river takes on the form of an inconsolable plush paw
and carries my merry loud ball out into the open sea.

Ничего не хочет происходить,
Человек живет, чтоб поесть, родить,
Раздавить врага, умереть, уснуть,
Ему некого обмануть.

Но читает, курит, идет в музей,
Моет руки, в гости ведет друзей,
Покупает бритву, крем обувной,
И кого-то зовет неземной.

Дальше-ближе, а ближе уже нельзя
Семеня, балансируя и скользя,
Он спешит с головой нырнуть в переход
Новый год. И не первый год.

Каждый день он трудится, каждый день
Он за что-то платит, встречает людей,
Выключает свет, и включает свет,
И опять выключает свет.

Главный день в его жизни придет тогда,
Когда он поймет, что ему всегда
Верилось, что главный день впереди,
И поймет, что он позади.

Nothing intends to happen,
A person lives to eat a bit, to give birth,
To crush the enemy, to die, to fall asleep,
There's no one for him to fool.

But he reads, smokes, goes to the museum,
Washes his hands, takes his friends to visit,
Buys a razor, some shoe polish,
And calls some woman heavenly.

Farther or nearer, but you can't get nearer,
Mincing, trying to balance and slipping,
He hurries to dive into the New Year
Underpass. And not for the first time either.

Each day he labors, every day
He pays for something, meets people,
Turns the light off, and turns the light on,
And turns the light off again.

The main day in his life will come when
He understands that he has always had
A belief that the main day is ahead,
And he'll realize that it's behind him.

В переходах дарят и продают
Бесполезные вещи, чтоб был уют.
Человек ступает на голый лед.
Будет долгим его полет.

In the underpasses they give and sell
Useless objects, so there will be comfort.
The person steps onto black ice.
He is in for a long flight.

Он пил джин и заедал шоколадом,
И посасывал лимонную дольку,
Он не хвастал ни постом, ни окладом,
Руку-сердце предлагал, да и только.
А она, смакуя свой "Ркацители"
И закусывая ломтиком сыра,
Тоже думала: "А что, в самом деле,
Выйду замуж и рожу ему Сына".

А наутро, нервно спички ломая
И давя окурок в пепельной каше,
Он тактично произнес: "Понимаю".
А потом еще спросил: "Ну так как же?"
От него шел запах спирта и лука,
А совсем не шоколада и джина.
И она не приняла его руку.
И она не родила ему Сына.

He was drinking gin and adding tastes of chocolate,
And sucking a bit on a wedge of lemon,
He didn't brag about his post or his salary,
He offered his hand and heart, and those alone.
While she, relishing her Georgian wine
And nibbling on a piece of cheese,
Also thought, "So there we are, really,
I'll marry him and bear a Son for him."

But in the morning, nervously snapping matches
And stubbing out the butt in a mass of ashes,
He tactfully pronounced, "I understand."
"And so what then?" he also asked.
He gave off a smell of alcohol and onion,
And not at all of chocolate and gin.
And she did not accept his hand,
And she did not bear a Son for him.

И гоня причитаний своих единичные всплески,
Вставив музыку, вместо того, чтоб глотать таблетки
От бессонницы, пол-одеяла зажав в коленки,
Я люблю тебя каждым ядром своей каждой клетки
И хочу заключить тебя в каждую клетку тела
Обнаженного, но не стремись к им сокрытой тайне,
Ведь оно прозрачно, пока я его не одела
В обручальное ли, подвенчальное ли, да и то не
Замутнеет, скорее, останется в белом тоне.
Я хочу, чтоб ты дал мне, чего — непонятно, дай мне
Непонятно чего. Подойди, подними в ладони,
И я гряну словами. А ты разберешь в их громе
Правду. Одну только правду. И ничего кроме.

And chasing the isolated splashes of my lamentaticns,
Putting on music rather than swallow sleeping
Pills, clutching half the blanket in my knees
I love you with each nucleus of my every cell
And I want to include you in each cell of my naked
Body, but don't strive towards the secret it conceals,
For it remains transparent until I clothe it
In a betrothal dress, in a wedding dress, and then it won't
Go dim — more likely it will remain in tones of white.
I want you to give me I don't know what, give me
Who could get what. Come close, lift me into your palms,
And I'll break out in words. And you'll make out the truth
In their thunder. Only the truth. And nothing else besides.

Translated by Sibelan Forrester

PAGES 10–11 : 16 *для немногих / just for the few* Kublanovsky is most likely quoting Stendhal's reply to the question "For whom are you writing?" "For the happy few." (Translator's note).

PAGE 17 : 2 *tea for two* The whole poem plays off a line from a 1900 "romance" song with words by M. Poygin, "Не уходи, побудь со мною," known to pretty much everyone of the poet's generation. In translating it, I have chosen an English-language song to convey the allusion, rather than a literal translation, which would be closer to "Don't go away, remain with me." (Translator's note).

PAGES 154–155 : 17 *это звучит гордо / it has a proud ring* The words are a quotation from Maxim Gorky's 1902 play *На дне* (*The Lower Depths*) that has entered the Russian language as an aphorism. In the play's fourth act, the character Satin says: "Only man exists. Everything else is the product of his hands and his mind! Man! It's wonderful. It has a proud ring." (Translator's note).

PAGES 180–181 : 17–18 *хуссейном / hussein* The word is a classical Arabic word for high mountain. (Translator's note).
 : 25–28 *Тюльпа / Doctor Tulp* Doctor Tulp is portrayed in Rembrandt's *The Anatomy Lesson*, the surface of which the poet has said looks oily. (Translator's note).

PAGES 246–247 : 27 *очередь здесь одна / only one line* In Soviet times, people looking to see a doctor in a clinic sometimes had a special coupon. Those with coupons arrived at a fixed time. Others came without coupons and organized a so-called "living line." You can well understand that sometimes small fights broke out between the coupon line and the living line. (Author's note).

PAGES 290–291 : 18 *в Везеле, в Фонтене, в Тороне … / in Vézelay, in Fontenay, in Thoronet …* Thoronet, Vézelay, and Fontenay are Romanesque abbeys in France with wonderful acoustics. They are also places where Iegor Danilovich Reznikoff, renowned for his studies and performances of early Christian music as well as for work in music therapy, made important recordings. (Author's note).

PAGES 382–383 : 15   *Покров / the Feast of the Protection*   The Feast of the Protection celebrates the tenth-century deliverance of the city of Constantinople from Russian raiders. Idiosyncratically, this tradition is kept among the Slavic Orthodox Churches. (Translator's note).

PAGES 390–391: 7   *навам / Navat*   Navat is a confection popular in Central Asia. It is made from sugar derived from grapes, crystallized and spiced. (Translator's note).

: 10   *камен/Camenæ*   In Roman mythology, the Camenæ were goddesses of springs, wells, and fountains, or water nymphs of Venus. They were later identified with the Greek muses. (Translator's note).

: 14   *греческих календ /ad Calendas Græcas*   (literally, "to the Greek calends") The Greek calends means a time that will never come. In ancient Rome the calends were the first days of the month, when debts and obligations came due. There were no calends in the Greek notation of the months. Thus, to defer to the Greek calends means to delay payment or obligation to a time that will never come. (Translator's note).

PAGES 428–429 : 11   *с доктором гибаряном / dr. ghibarian*   This name points to Solaris (both Stanislaw Lem's novel and Andrei Tarkovsky's film) as one of the poem's intertexts. (Translator's note).

PAGES 430–431 : 8   *погружайся / immerse yourself*   This poem alludes to the opening lines of Pushkin's "Poet": "Until Apollo summons the poet to holy sacrifice, he faintheartedly plunges into vain and worldly concerns." (Translator's note).

> There is no Frigate like a Book
> To take us Lands away
> Nor any Coursers like a Page
> Of prancing Poetry —
> This Traverse may the poorest take
> Without oppress of Toll —
> How frugal is the Chariot
> That bears the Human soul.
> — Emily Dickinson

As centuries pass and our surroundings change, the chariot of poetry continues to move, leaving an invaluable mark on the history of mankind, and not even wars, typhoons, or earthquakes are capable of stopping it.

Recently, researchers in Moscow did a survey among high school graduates asking them to name twenty famous people who had influenced the formation of their identity. The study included three hundred participants. The results were astonishing — the names that appeared on the survey forms were not those of politicians or sportsmen, actors or singers, but rather poets and writers! Over thirty percent of the students named Aleksandre Pushkin as their first choice, and out of the twenty names approximately twelve belonged to literary figures.

Also among the names that the graduates wrote down were American authors Ernest Hemingway, Jack London, J. D. Salinger, William Faulkner, and others. Russian students are typically less familiar with American poets and yet some of them put down the names of Robert Frost and Walt Whitman. This should not come as a surprise; it is difficult to translate poetry, and it is harder for poets to gain popularity in a foreign language and culture. Consequently, the names of Dostoevsky, Tolstoy, and Chekhov are better known in the world than those of

Russian poets, and especially contemporary poets. In the meantime, contemporary Russian poetry has been experiencing a new period of flourishing, evident from the poems appearing in this anthology, the majority of which have been written as recently as the last decade.

We have strived to include works that would represent the contemporary Russian poetic spectrum in its entirety, being fully aware, at the same time, that the selection of forty-four poets cannot possibly encompass the full breadth of that spectrum. Early on, we decided to include only the younger generation of poets, which inevitably excluded older poets, such as Inna Lisnyanskaya, Oleg Chukhontsev, Bella Akhmadulina, Aleksandr Kushner, Andrei Voznesensky, Yevgeni Yevtushenko, Yevgeni Rein, and many others. Yet there are certainly more than forty-four Russian poets born after 1946 that are worthy of note, and we had to limit ourselves to a certain number for obvious reasons. In addition, it would have been impossible to include all poetic genres, which is why we had to be selective when it came to ballads, epics, and other long poems that would exceed the intended size of the anthology.

For similar reasons, and I say this with regret, we had to limit the word count of biographies, yet a poet's biography at times can become the key to his poetry. Moreover, some of the biographies of these poets are so vivid and interesting that without a doubt they could become books in their own right. For instance, Yuri Kublanovsky was born in Mologa, which was flooded during a dam construction; he emigrated from the Soviet Union to Paris and then returned to a new Russia after eight years of self-imposed exile. This could have easily turned into the plot for a novel.

It is important to note, by way of digression, that poetry in Russia is published mostly in Moscow, and the majority of poets born in the provinces have moved to the capital city. In contrast to the United States where you have dozens of cities that are centers of culture, in Russia everything revolves around Moscow, where in addition to the hundreds of poetry books published annually, various journals and magazines appear monthly, and literary events and poetry readings happen practically every day. Living in Moscow means more than having the opportunity to demonstrate your abilities and skills to a critical urban public; it also means being surrounded by other poets' works.

I am not going to discuss the movements of Russian poetry presented in this anthology. This is the subject of a more in-depth conversation, especially since the movements from the 1970s and 1980s have lost their clear-cut distinctions today; once very close in their visions and stylistics, over time these poets have discovered serious differences between their poetics and it is now almost impossible to align them within a single movement. Not coincidentally, some contemporary Russian critics use dozens of different and not completely successful classifications for contemporary literary movements. Other critics avoid the confusing classifications and resort to terms such as "traditional" and "innovative" (or what's worse, "realism" and "postmodernism"). But this division is so provisional in today's reality. Those who are habitually categorized as traditionalists or realists are sometimes those who are the true innovators. Couldn't we possibly say the same about the representatives of New Formalism, for instance, who exploded the measured flow of the literary processes in the United States with their sudden shift to the long-established experiments in rhymed poetry?

"In Russia a poet is more than a poet" — most Russians would probably agree with these words by Yevgeni Yevtushenko, but they would also add their own definition. The discussions around the poet's place in society have not subsided since the times of Pushkin. To this day, Pushkin's verse moves and excites us: "Until upon the poet calls / For hallowed sacrifice Apollo"[1]: "meanwhile the poet isn't summoned / but wait now they've summoned him / told him to sit down / make himself at home / everything's fine no sweat / pour him a drink then another one / then say, you're free now go / *immerse yourself in the world's concerns*" — writes Danila Davydov with bitter irony. "The perverse nature of a poet does / not value the love of a people — / get a glimpse of him in all his glory. / The sad, ugly creature has / one solitary delight — a secret freedom / to be unlike the

---

1 Translation by Walter Arndt.

rest," — bemoans Viktor Kulle. But generally speaking, Russian poets are like all other poets — real and different.

This anthology presents the life of contemporary Russia, its history and culture, offering a glimpse into its intricate interlacing of new conventions and old traditions in a post-Soviet reality. A good example of this is the juxtaposition of spiritual poets Svetlana Kekova and Olesya Nikolaeva (not to mention the poems filled with a kind of genial pragmatism by Vladimir Salimon: "Jam from Paradise apples / has just a trace of gall — / surely a consequence / of the Fall."), which helps demonstrate the spiritual polyphony of Russia.

It has always been in the Russian character to become sincerely interested in people from other countries and cultures, including the United States, which is clearly illustrated in the poems in this anthology. Alexei Tsvetkov, for instance, begins his poem with the following words: "kennedy kennedy king with sundry other," and this tendency to use English words in Russian texts is becoming a widespread phenomenon in contemporary Russian poetry.

The publication of the two bilingual anthologies of American and Russian poetry is yet another big step towards the final destruction of myths about "evil empires" that have been contaminating us for many decades. The texts by Russian and American poets clearly demonstrate that our countries have more commonalities than differences.

"Copying over my poems, / I tore the paper with my hands. / The rip quadrupled the length / of the life- / line in my palm" — Vera Pavlova.

Dmitri Dmitriev, 2007

MIKHAIL AIZENBERG was born in 1948 in Moscow. He is the author of five books of poetry, including *Ukazatel' imen* [The Directory of Names] (Moscow: Gendal'f, 1993) and *V metre ot nas* [A Meter Away from Us] (Moscow: NLO, 2003), two collections of articles about poetry, *Vzglyad na svobodnogo khydozhnika* [A Look at the Free Artist] and *Opravdannoe prisutstvie* [Justified Presence], and a book of essays *Kontrol'nye otpechatki* [Check Prints]. A bilingual collection of his poetry, *Say Thank You*, was published by Zephyr Press in 2007. *V metre ot nas* won the Andrei Bely Prize, and his work has been awarded prizes from the magazines *Strelets* (1995) and *Znamya* (2001). He edits a poetry series for Novoe izdatel'stvo. **MAKSIM AMELIN** was born in 1970 in Kursk. He is the author of three books of poetry, *Kholodnye ody* [Cold Odes] (Moscow: Symposium, 1996), *Dubia* (St. Petersburg: Ina-Press, 1999), and *Kon' Gorgony* [The Gorgon's Horse] (Moscow: Vremya, 2003), and two books of translations, *Katull. Lirika* [Catullus, Lyric Poems] (Moscow: Vremya, 2005) and *Priapova kniga* [The Book of Priapus] (Moscow; St. Petersburg: Letniy sad, 2003). He is the winner of the Anti-Booker Prize (1998), the *Noviy mir* magazine prize (1998), the Moskovskiy schyot Grand Prize (2004), and the Anthologia Prize (2004). He works in publishing and lives in Moscow. **YURI ARABOV** was born in 1954 in Moscow. He is the author of four books of poetry, including *Artostop* [Hitchhiking] (Moscow: Sovietskiy pisatel', 1990), and *Tsezariada* (*Znamya*, 1999), which won the *Znamya* Foundation Award. He is also the author of several books on poetry, and the winner of the Apollon Grigor'yev Grand Prize for his novel *Big-bit* (Znamya, 2003). As a screenwriter he has received the Golden Palm at the Cannes Film Festival, the Russian Federation State Prize, and the Nika Award. He is head of the Screenwriting Department at the S. A. Gerasimov All-Russian State Institute of Cinematography. **POLINA BARSKOVA** was born in 1976. She is the author of four books of poetry: *Rasa brezglivykh* [The Race of the Fastidious] (Moscow: Argo-Risk, 1993), *Evridey i orfika* [Everyday and Orphic] (St. Petersburg: Pushkinskiy fond, 2000), *Arii* [Arias] (St. Petersburg: Pushkinskiy fond, 2001), and *Brazilskie stseny* [Brazilian Scenes] (Moscow: Argo-Risk; Tver: Kolonna, 2005). She is the winner of the All-Union Competition for Young Poets (1991), the Teneta-98 net literary competition, and the Moskva-tranzit Minor Award (2005). She lives in the USA. **SVETLANA BODRUNOVA** was born in 1981 in the Gomel'skaya region (now Belarus). She is the author of two books of poetry: *Veter v komnatakh*

[Wind in Rooms] (St. Petersburg: Gelikon Plyus, 2001) and *Progulka* [Stroll] (St. Petersburg: Gelikon Plyus, Amfora, 2005). She is also a poetry translator, literary critic, and journalist, and winner of the *Futurum ART* magazine prize (2006). She coordinates the nominating board of the Liter.ru competition, and is managing editor of the poesii.net book series. She lives in St. Petersburg. **EVGENY BUNIMOVICH** was born in 1954 in Moscow. He is the author of seven books of poetry, including *Yestestvenniy otbor* [Natural Selection] (Moscow: MIKPRO, 2001), which won the Moscow Prize in Literature and Art, and, most recently, *Yezhednevnik* [Daily Journal] (Moscow: OGI, 2006). He is a recipient of the Order of Academic Palms (France) and President of the Moscow International Festival of Poets. As a columnist for *Novaya Gazyeta,* he won the Best Individual Style in Journalism Prize and the Union of Journalists of Russia Prize. He teaches mathematics, and has authored several textbooks. He is Chairman of the Moscow City Duma Education Department. **DMITRY BYKOV** was born in 1967 in Moscow. He is the author of six books of poetry, including *Otsrochka* [Respite] (St. Petersburg: Gelikon Plyus, 2000) and *Posledneye vremya* [The Last Time] (Moscow: Bagrius, 2006). He has also published six novels (two coauthored with Maksim Chertanov); a book of political satire; three books of sketches, essays, and articles; and two story collections (one coauthored with Irina Lukyanova). He has won the Anthologia Award (2006); the Tsarskoselskaya Award for essays in the magazine *Ogonyek* (2002); the National Bestseller Prize and Bolshaya Kniga First Place Prize for *Boris Pasternak* (2006); and the Studyencheskiy Booker, Bronze Snail, and ABS-Prizes for his novel *Evakuator* [Evacuee]. He is deputy editor-in-chief of the weekly magazine *Sobesednik* and a television host. **DANILA DAVYDOV** was born in 1977 in Moscow. He is the author of four books of poetry, including *Sfyery dopolnitelnogo nablyudeniya* [Spheres of Additional Observation] (Moscow, 1996) and, most recently, *Syevodnya, nyet, vchyera* [Today, No, Yesterday] (Moscow: Argo-Risk, Tver: Kolonna, 2006). He is also an essayist, literary scholar, and critic, and his prose has received the Turgenev Short Prose Festival Prize and the Debyut Literary Prize (2000). From 1999-2004 he headed the Vavilon Young Writer's Union, and he organizes "Poetry For the Voice." He holds a Ph.D. in Philological Sciences. **ALEKSEY DENISOV** was born in 1968 in the city of Vladivostok. He is the author of three books of poetry: *Tvyordiy znak* [Hard Sign] (Vladivostok: Primorskoe obshchestvo knigolyubov, 1995), *Nyezhnoe soglasnoe* [Delicate Agreement] (Moscow: Argo-Risk, Tver: Kolonna, 2000), and *Xenia* (Moscow: OGI, 2001). Winner of the Moskva-tranzit Minor Prize (2001), he lives in Moscow. **ALEKSANDR EREMENKO** was born in 1950 in the village of Gonoshikha in Altai Krai. He is the author of six books of poetry, including *Dobavleniye k sopromatu* [An Addendum to the Study of the Strength of Materials] (Moscow: Pravda, 1990), *Gorizontal'naya strana* [A

Horizontal Country] (Moscow: Raritet-537 and St. Petersburg: Pushkinskiy fond, 1999), and *Opus magnum* (Moscow: Podkova, 2001). He is the winner of the *Ogonyek* magazine prize (1989) and the Boris Pasternak Prize (2002). He lives in Moscow. In 1951, **IRINA ERMAKOVA** was born on a ship in the Strait of Kerch. She is the author of four books of poetry, including *Provintsiya* [Province] (Moscow: Tsentr PRO, 1991) and *Kolybyelnaya dlya Odisseya* [Lullaby for the Odyssey] (Moscow: *Arion* poetry journal, 2002), and the creator of several literary hoaxes, the most well-known of which is 12th-century Japanese poetess Yoko Irinati. Winner of the *Arion* and *Oktyabr* magazine prizes (both in 2004), she resides in Moscow and makes her living as a poet. **ELENA FANAILOVA** was born in 1962 in the Voronezhskaya region. She is the author of *Puteshestvie* [Travels] (St. Petersburg: Severo-Zapad — Mitin zhurnal, 1994), *S osobym tsinizmom* [With Particular Cynicism] (Moscow: NLO, 2000), *Transilvaniya bespokoit* [Transylvania is Worrisome] (Moscow: OGI, 2002), and *Russkaya versiya* [Russian Version] (Moscow: Zapasniy Vykhod, 2005). An English translation of her work is forthcoming from Ugly Duckling Presse. She is the winner of the Andrei Bely Prize (1999) and the Moskovskiy schyot Grand Prize (2003). She works as a journalist for the Moscow bureau of Radio Svoboda. **SERGEY GANDLEVSKY** was born in 1952 in Moscow. He is the author of six books of poetry, including *Prazdnik* [A Holiday] (St. Petersburg: Pushkinskiy fond, 1995), which won the Anti-Booker Prize, and *Konspekt* [A Summary] (St. Petersburg: Pushkinskiy fond, 1999), which won the Severnaya Palmira Prize. *A Kindred Orphanhood*, a collection of his work in translation, was published in 2003 by Zephyr. He has won the *Znamya* magazine prize, the Malyi Booker Prize (1996) for his story "Trepanatsiya cherepa" ["Trepanation of the Skull"], and the Apollon Grigor'ev Minor Award for his novel <*NRZB*>. He is an editor at the magazine *Inostrannaya literatura*. **YULI GUGOLEV** was born in 1964 in Moscow. He is a translator and the author of two books of poetry: *Polnoe. Sobranie sochineniy* [Complete Works] (Moscow: OGI, 2000) and *Komandirovochnye predpisaniya* [Official Instructions] (Moscow: Novoe izdatel'stvo, 2006), which won the Moskovskiy schyot Grand Prize. He works in the regional division of the International Commission of the Red Cross in the Russian Federation. **IGOR IRTENIEV** was born in 1947 in Moscow. He is the author of more fifteen books of poetry, including *Povestka dnya* [A Day's Notice] (Paris: AMGA, 1989) and, most recently, *Tochka ru* (Moscow, 2007), and has also published books of poetry for children. He is the winner of the *Ogonyek* (2000), *Zolotoe pero* (2000), *Zolotoy telyonok* (1992), and *Zolotoy Ostap* (1992) magazine prizes. Previously the editor-in-chief of the *Magazin* journal, he has been working as a columnist for the newspaper *Gazyeta* since 2001. **VITALY KALPIDI** was born in 1957 in the city of Chelyabinsk. He is the author of eight books of poetry, including *Autsaideri-2. Proekt knigi stikhov i poet-*

icheskykh tektsov [Outsiders-2. A Book of Poems and Poetic Texts Project] (Permskoe izdatel'stvo, 1990) and, most recently, *Kontrafakt* [A Counterfeit] (*Ural* journal, 2007). He is the winner of the Apollon Grigor'ev Minor Prize (1997) for his book *Resnitsy* [Eyelashes], as well as the Boris Pasternak Prize (2004) and Moskva-tranzit Grand Prize (2005). He is also an essayist and literary critic, and the editor of anthologies of poetry from the Ural region. **GENNADY KA-NEVSKY** was born in 1965 in Moscow. He is the author of three books of poetry: *Provintsial-naya latyn'* [Provincial Latin] (Simferopol: TO "Avtograf," 2001), *Mir po Brailyu* [The World in Braille] (St. Petersburg: Gelikon-Plyus, 2004), and *Kak yesli by* [As If] (St. Petersburg: Gelikon-Plyus, 2006). He is the winner of the Nikolai Gumilev's Zablyudivshisya tramvai Petersburg Poetry Competition (2005) and the Bolshoi Slem-2007 (with Anna Russ). He is the editor of the journal *Novosti elektroniki*. **SVETLANA KEKOVA** was born in 1951 in the city of Aleksandrovsk in the Sakhalin region. She is the author of eight books of poetry, including *Stikhi o prostranstvye i vremeni* [Poems of Space and Time] (St. Petersburg: Noviy gorod, 1995) and, most recently, *U podnozhiya Zhyoltoi gory* [At the Foot of the Yellow Mountain] (St. Petersburg: Peterburgskiy pisatel', 2006). She is the winner of the Apollon Grigor'ev Minor Prize (1999), the Moskva-tranzit Grand Prize (2001), and the *Znamya* (1995) and *Noviy mir* (2002) magazine prizes. She holds a Ph.D. in Philological Sciences and teaches at the Saratov Socio-Economic Institute. **BAKHYT KENJEEV** was born in 1950 in the city of Chimkent (now Kazakhstan). He is the author of twelve books of poetry, including *Izbrannaya lirika. 1970-1981* [Selected Poetry. 1970-1981] (Ann Arbor: Ardis, 1984) and, most recently, *Vdali mertsayet gorod Galich* [In the Distance Shimmers the City of Galich] (Moscow: Argo-Risk; Tver: Kolonna, 2006). He is the winner of the Anti-Booker Prize (2000), Moskva-tranzit Prize (2003), the Anthologia Prize (2005), the *Oktyabr* and *Noviy Mir* magazine prizes, the Kazakhstan Youth Union Prize (1996), and the Kievskie lavry Festival prize (2007). He lives in Canada. **TIMUR KIBIROV** was born in 1955 in the city of Shepetovka in the Khmelnitskaya region (now Ukraine). He is the author of more than ten books of poetry, including *Obshchiye mesta* [Common Places] (Moscow: Molodaya gvardiya, 1990) and, most recently, *Kara-Baras* (Moscow: Vremya, 2006). He is the winner of the A. Tepfyer Foundation Pushkin Prize (1993), the *Znamya* (1994) and *Arion* (1996) magazine prizes, the Anti-Booker Prize (1997), the Severnaya Palmira Prize (1997), and a fellowship from the Joseph Brodsky Foundation (2000). He is a literary correspondent for Radio Kul'tura. He lives in Moscow. **YURI KUBLANOVSKY** was born in 1947 in the city of Rybinsk in the Yaroslavskaya region. He is the author of twelve books of poetry, including *Izbran-noe* [Selections] (Ann Arbor: Ardis, 1981), compiled by Joseph Brodsky, and, most recently, *Dolshe kalendarya* [A Lengthy Calendar] (Moscow: Vremya, 2004). He is the winner of the

Moscow Government Prize (1999), the *Ogonyek* (1989), *Strelets* (1996), and *Noviy mir* (1999) magazine prizes, the Aleksandr Solzhenitsyn Prize (2003), and the *Anthologia* Prize (2005). He heads the poetry division of *Noviy mir* magazine. From 1982-1990 he lived in Paris. He now lives in Moscow. **VIKTOR KULLE** was born in 1962 in the city of Kirovo-Chepetsk in the Kirovskaya region. He is the author of *Palimpsyest* [Palimpsest] (Moscow: Bagaryatskiy, 2001), a book of poetry, and winner of the *Noviy mir* magazine prize (2006). He has also been the recipient of the Khristo Botev Bulgarian Literary Academy Prize (1989, 1990, 1991). As a cultural commentator, he has led evenings of literary events at the State Polytechnic Museum. In 1996, he was awarded a Ph.D in Philological Sciences, the first dissertation in Russia dedicated to Joseph Brodsky. He lives in Moscow. **INGA KUZNETSOVA** was born in 1974 in the Chernomorskiy settlement of Krasnodarskiy Krai. She is the author of one book of poetry, *Sny-sinitsy* [Titmouse-dreams] (Moscow: Nezavisimaya gazyeta, 2002), and winner of the A.S. Pushkin All-Russian Student Poetry Competition (1995), the First Women's Tournament of Poets (2003), and the Triumph youth prize (2003). She works as an editor at *Oktyabr* magazine and lives in Moscow. **ANYA LOGVINOVA** was born in the city of Vinnitsa (now Ukraine). She is the author of *Osennye-zimniy razgovornik* [The Autumn-Winter Phrase-Book] (Moscow: Izdatel' Stepanenko, 2001, coauthored with Melkin-Dmitry Filippov) and the winner of the Debyut Prize (2004). She lives in Moscow. **STANISLAV LVOVSKY** was born in 1972 in Moscow. He is the author of three books of poetry — *Beliy shum* [White Noise] (Moscow: Argo-Risk; Tver: Kolonna, 1996), *Tri mesyatsa vtorogo goda* [Three Months of the Second Year] (Moscow: Argo-risk; Tver: Kolonna, 2002), and *Stikhi o Rodinye* [Poems about the Homeland] (Moscow: OGI, 2004) — and two books of prose (one coauthored with Linor Goralik). He is laureate of the Fourth Festival of Free Verse (Moscow, 1993) and laureate (and three-time nominee) of the Teneta-98 net literary competition. In 2003, he won the Moskovskiy schyot Minor Prize for *Tri mesyatsa vtorogo goda*. **OLESYA NIKOLAEVA** was born in 1955 in Moscow. She is the author of nine books of poetry, including *Sad chudyes* [Garden of Wonders] (Moscow: Sovietskiy pisatel', 1980) and, most recently, *Shestnadtsat' stikhotvoreniy i poema* [Sixteen Poems and a Poem] (Moscow: Vremya, 2006). She was awarded a grant from the A. Tepfyer Foundation (1998) and is the recipient of the Grenoble City Medal (France, 1990), the Boris Pasternak Prize (2002), the Anthologia Prize (2003-2004), and the Russian National Poetry Prize (2006). She is an Assistant Professor at the Literary Institute. **VERA PAVLOVA** was born in 1963 in Moscow. She is the author of ten books of poetry, including *Nebyesnoe zhivotnoe* [The Heavenly Beast] (Moscow: Zolotoi vek, 1997), *Po obe storony potseluya* [On Both Sides of the Kiss] (St. Petersburg: Pushkinskiy fond, 2004), and *Pisma v sosednyuyu komnatu* [Letters to a Neighboring Room] (Moscow: AST-Moskva, 2006). She is the winner of the Apollon Grigor'ev Grand Prize (2000), the Anthologia Prize (2006), and a special Moskovskiy schyot Prize (2007). **ALEK-SEY PARSHCHIKOV** was born in 1954 in the settlement of Olga in Primorskiy Krai. He is the author of five books of poetry, including *Figury intuitsii* [Figures of Intuition] (Moscow: Moskovskiy rabochiy, 1989) and, most recently, *Angary* [Hangers] (Moscow: Nauka, 2006). He is also the author of the novel *Rai medlennogo ognya* [Paradise of Slow Fire]. In 2004, his book *Blue Vitriol* was published in English by Avec. He is the winner of the Andrei Bely Prize (1985) and the Living Legend Prize at Moscow's Fourth Poetry Competition. He holds a M.A. from Stanford and lives in Germany and Moscow. **DMITRI POLISHCHUK** was born in 1965 in Moscow. He is the author of three books of poetry: *Petushka* [Cockery] (Moscow: Imprint, 1995), *Stranniku gorodskomu. Syemislozhniki. Chetyrnadtsat' stranits iz dnevnika puteshestviy po strannomu nashemu gorodu da pyat' pesenok starinnymi syemislozhnymi stikhami s pribavleni-yem knizhitsy iz tryokh stikhotvoreniy, sochinennykh na tom puti inymi sillabicheskimi zhe razmerami* [To the City Wanderer. In Seven-count Verse. Fourteen Pages from The Diary of a Journey along the Oddities of Our City with Five Songs in Old-Fashioned Seven-count Verse with the Addendum from Three Poems, Written on the Same Travels Using Different Syllabic Counts] (Moscow: Al'yans-plyus, 1999), and *Gippogrif i sborno / izborno vsye predydushchie, posleduyushchie i soputeshestuyushchie khimery* [The Hippogriff and Various /All the Previous, Subsequent, and Consequent Chimera] (Moscow: Graal', 2002). **ANDREY RODIONOV** was born in 1971 in the city of Mytishchi in the Moskovskiy region. He is the author of four books of poetry, including *Dobro pozhalovat' v Moskvu* [Welcome to Moscow] (St. Petesburg: Krasniy matros, 2003) and, most recently, *Morro Kasl* [The SS Morro Castle] (Moscow: Raketa, 2006). He is a vocalist for the group Okraina and winner of the Russian slam tournament (2002). He works in the Moscow K. S. Stanislavskiy and V. I. Nemirovich-Danchenko Musical Theatre Academy and organizes poetry slams in Moscow. **ANNA RUSS** was born in 1981 in Kazan. She is the author of *Maryezh'* (Moscow: Argo-Risk; Tver: Kolonna, 2004) and winner of the Debyut Prize for Literature for Children (2002) and the Bolshoi Slem-2006 and Bolshoi Slem-2007 (with Gennady Kanevsky). She lives in Moscow. **VLADIMIR SALIMON** was born in 1952 in Moscow. He is the author of twelve books of poetry, including *Gorodok* [Township] (Moscow: Molodaya gvardiya, 1981) and, most recently, *Chudesnym proisshestviyam svide-tel'* [Witness to a Wondrous Incident] (Moscow: Arion poetry journal, 2006). He is the winner of the Oktyabr magazine prize (2001) and the Antonietta Draga Rome Academy European Prize for Best Poetry Book of the Year (1995). He served as editor-in-chief of *Zolotoi vek* magazine from 1991-2001, and is now deputy editor-in-chief of *Vestnik Evropy*. **OLGA SEDAKOVA** was born in 1949 in Moscow. She is the author of *Vorota, okna, arki* [Gates, Windows, Arches] (Paris: IMKA-Press, 1986) and, most recently, *Muzika* [Music] (Moscow: Russkiy mir, 2006). Her books *The Silk of Time* and *The Wild Rose* were published in English by Fyburn and Approach, respectively. She is the winner of the Andrei Bely Prize (1983), the Paris Prize for a Russian Poet (1991), the European Prize for Poetry (Rome, 1996), and the Vladimir Solovyov Vatican Prize (1998). She was Woman of the Year on the Cambridge International Biographical Centre's list (1992). She holds a Ph.D. in Philological Sciences and works at the Institute of World Culture at Moscow State University. **MARK SHATUNOVSKY** was born in 1954 in Baku (now Azerbaijan). He is the author of three books of poetry: *Oshchushchenie zhizni* [The Sensation of Life] (Paris: AMGA, 1990), *Mysli travy* [Thoughts of Grass] (Moscow: ASI, 1992), and *Iz zhizni rasteniy* [From the Life of Plants] (Moscow: Vladom, 1999). He is also a translator, essayist, and playwright. For publications in the USA he was awarded a USIA grant (1993). He holds degrees from the United States Information Agency and the University of Iowa. With Rolf Hughes, he founded the international literary magazine *100 words*. He lives in Moscow. **GLEB SHULPYAKOV** was born in 1971 in Moscow. He is the author of two books of poetry: *Shchelchok* [Flick] (Moscow: Nezavisimaya gazeta, 2001) and *Zhyolud* [Acorn] (Moscow: Vremya, 2007). He is also the author of the novels *Kniga Sinana* [Sinan's Book] and *Tsunami*, and books of travel essays, such as the album-guidebook *Konyak* [Cognac]. His play *Pushkin v Amerike* [Pushkin in America] won the Deistvuyushchie litsa Prize (2005). He is editor-in-chief of *Novaya Yunost* magazine and winner of the Triumph youth prize (2000). **ELENA SHVARTS** was born in 1947 in Leningrad (now St. Petersburg). She is the author of seventeen books of poetry, including *Tantsuyushchiy David* [The Dancing David] (USA: Russika, 1985) and *Trost' skoropistsa* [The Calligrapher's Cane] (St. Petersburg: Pushkinskiy fond, 2004). She is also the author of two novels. In 1993, Bloodaxe published *Paradise*, a collection of her poetry in English translation. In 2008, *Birdsong on the Seabed* will be released, also from Bloodaxe. She is the winner of the Andrei Bely Prize (1979), Severnaya Palmira Prize (1998), Triumph prize (2003), N.V. Gogol Prize (2004), and the *Yunost* (1989), *Strelets* (1994), *Zvezda* (2000), and *Znamya* (2006) magazine prizes. She lives in St. Petersburg. **MARIA STEPANOVA** was born in 1972 in Moscow. She is the author of five books of poetry, including *Pesni severnykh yuzhan* [Songs of Northern Southerners] (Moscow: Argo-Risk; Tver: Kolonna, 2001) and, most recently, *Fiziologiya i malaya istoriya* [Physiology and Minor History] (Moscow: Pragmatika kultury, 2005). She is the winner of the *Znamya* magazine prize (1993), the Pasternak Prize (2005), the Andrei Bely Prize (2005), the Hubert Burda Preis (2006, Germany), and a Moskovskiy schyot special award (2006). She was Creative Director of Development for the television channel RTR. **DMITRY TONKONOGOV** was born in 1973 in Moscow. He is the author of *Tyomnaya azbuka* [A Dark Alphabet] (Moscow: Emergency Exit, 2004), and four books of poetry for children. He is the winner of the Triumph Youth Prize and the Moskovskiy schyot Minor Prize (both in 2004). He works as an editor at the *Arion* poetry journal. **ALEXEI TSVETKOV** was born in 1947 in the city of Stanislav (now Ivano-Frankovsk, Ukraine). He is the author of several books of poetry, including *Sbornik pyes dlya zhizni solo* [A Collection of Plays for a Life Solo] (Ann Arbor: Ardis, 1978), *Stikhotvoreniya* [Poems] (St. Petersburg: Pushkinskiy fond, 1996), *Shekspir otdykhayet* [Shakespeare Takes a Rest] (St. Petersburg: Pushkinskiy fond, 2006), and *Imena lyubvi* [Names of Love] (Moscow: Novoe izdatel'stvo, 2007). He has lived in the USA and in Germany, and currently resides in Prague. **DMITRY VODENNIKOV** was born in 1968 in Moscow. He is the author of six books of poetry, including *Repeynik* [Burdock] (Moscow: izdatel'stvo E. Pakhomovoy, Argo-Risk, 1996), *Kak nado zhit – chtob byt' lyubimym* [How One Must Live In Order to Be Loved] (Moscow: OGI, 2001), and *Chyornovik* [Rough Draft] (St. Petersburg: Pushkinskiy fond, 2006). He is also the author of the documentary novel *Zdravstvuyte, ya prishel s vami poproshchat'sya* [Hello, I Came to Say Goodbye]. Vodennikov is the writer and host of radio programs on Radio Rossii. **IVAN VOLKOV** was born in 1968 in Moscow. He is the author of three books of poetry: *Rannyaya lirika* [Early Lyric Poetry] (Moscow, 1999), *Prodolzheniye* [A Continuation] (Moscow: OGI, 2003), and *Alibi* [An Alibi] (Moscow: Listopad Prodakshn, 2005). Winner of the Boris Pasternak Prize (2002) and the Boris Sokolov Prize (2004), he originated the OGI Polyus poetry project. He lives in Kostroma. **SANDZHAR YANYSHEV** was born in 1972 in Tashkent (now Uzbekistan). He is the author of *Cherv'* [Worm] (St. Petersburg: Urbi, 2000), *Oforty Orfeya* [Etchings of Orpheus] (Moscow: LIA, R. Elinina, 2003), *Regulyarniy sad* [Regular Garden] (Moscow: Izdatel'stvo R. Elinina, 2005), and *Priroda* [Nature] (Moscow: Izdatel'stvo R. Elinina, 2007). Winner of the Triumph youth prize (2001) and the *Oktyabr* magazine prize (2003), he is one of the authors and compilers of the poetry anthology *Malyi Shelkoviy Put'* [Small Silk Road]. He lives in Moscow. **IVAN ZHDANOV** was born in 1948 in the village of Ust-Tulatinka in Altai Krai. He is an essayist, translator, and the author of four books of poetry, including *Portryet* [Portrait] (Moscow: Sovremennik, 1982) and *Vozdukh i veter* [Air and Wind] [Moscow, Nauka, 2006). With Mark Shatunovsky he coauthored *Diyalog—kommentariy pyatnadcati stikhotvoreniy Ivana Zhdanova* [Dialogue—Commentary on Fifteen Poems by Ivan Zhdanov]. In 1997, a collection of his poetry, *The Inconvertible Sky*, was published by Talisman House. He is the winner of the Andrei Bely and the Aleksei Kruchenykh prizes, as well as the Apollon Grigor'ev Grand Prize (1997). He lives in Crimea (Ukraine) and in Altai Krai.

VITALY CHERNETSKY, a native of Ukraine, teaches Slavic and film studies at Miami University in Ohio. He is the author of *Mapping Postcommunist Cultures: Russia and Ukraine in the Context of Globalization* (McGill-Queen's University Press, 2007), as well as articles on and translations of contemporary Russian and Ukrainian literature. His translation of *The Moscoviad* by Yuri Andrukhovych is forthcoming from Spuyten Duyvil Press. **CATHERINE CIEPIELA** was born in 1961 in Newport, Rhode Island. She is the author of *The Same Solitude: Boris Pasternak and Marina Tsvetaeva* (Cornell, 2006) and coeditor of *The Stray Dog Cabaret* (New York Review of Books, 2006), a book of Paul Schmidt's translations of the Russian modernist poets, which was a finalist for the 2007 PEN Award for Poetry in Translation. She is a professor of Russian at Amherst College. **GALINA DETINKO** lived in St. Petersburg, where she received a Master of Arts degrees in Art History and Russian Language and Literature at Leningrad University. In 1979 she immigrated to Pittsburgh, Pennsylvania, where she completed a doctoral program. She has taught Russian language and art at the University of Pittsburgh, and at the University of Central Florida. She has published articles and poetry in Russian periodicals. **SIBELAN FORRESTER** was born in Oakland, Caifornia, in 1961. She has translated Irena Vrkljan's *The Silk, the Shears* (Northwestern University Press, 1999), Dubravka Oraic-Tolic's *American Scream and Palindrome Apocalypse* (Ooligan Press, 2004), and Elena Ignatova's *The Diving Bell* (Zephyr, 2006). She received the Heldt Prize for Best Translation in 2006 from the Association for Women in Slavic Studies for American Scream and Palindrome Apocalypse. She is a professor of Russian at Swarthmore College in Pennsylvania. **DINARA GEORGEO-LIANI**, born in Tbilisi, Republic of Georgia, was chair of the English Department at Tbilisi State University before coming to Central Washington University, Ellensburg, Washington, where she continues to teach Russian. She is the author of numerous books and articles on translation theory and linguistics in Russian, and co-translator of Viktor Sosnora's *A Million Premonitions* (Zephyr, 2004). **REBECCA GOULD** is a graduate student at Columbia University. She translates Georgian and Russian poetry and writes on many subjects related to the Caucasus. She was awarded a fellowship from the American Literary Translators Association in 2006. Her publications include translations of Galaktion Tabidze, Titsian Tabize, Idris Shatirishvili, Boris Slutsky, and Sergei Esenin. **MARK HALPERIN** was born in New York, New

York. He is the author of five books of poetry, the latest, *Falling Through the Music* (University of Notre Dame, 2007). He is the co-translator of Viktor Sosnora's poems, *A Million Premonitions* (Zephyr, 2004) and lives in Ellensburg, Washington. **JUDITH HEMSCHEMEYER** was born in Sheboygan, Wisconsin, in 1935. She is the translator of *The Complete Poems of Anna Akhmatova* (Zephyr, 1990). Her most recent publications include a book of stories, *The Harvest* (Pig Iron, 1998) and one of poems, *Certain Animals* (Snake Nation, 1998). She teaches creative writing at the University of Central Florida. **PATRICK HENRY** is the co-editor and translator of *Selected Sorks by Nina Iskrenko: The Right to Err* (1995) and *Selected Works by Ivan Zhdanov: The Incontrovertible Sky* (1997). He received his M.A. in Russian literature in 1990 from the University of California. He has worked as a newspaper reporter in Moscow and in Little Rock, Arkansas. **JOHN HIGH** was born in Baltimore in 1957. He is the author most recently of *Here* (Talisman, 2007), and *Talking God's Radio Show* (Spuyten Duivil, 2007). A translator of several books of contemporary Russian poetry, he was the chief editor for the anthology *Crossing Centuries* (Talisman, 2000). He lives in Brooklyn where he is an assistant professor of creative writing at Long Island University. **ANDREW JANCO**, born 1978, is a graduate student in history at the University of Chicago, specializing in post-War Soviet history. **J. KATES** is a poet and literary translator who lives in Fitzwilliam, New Hampshire. **OLGA LIVSHIN** is a poet and translator. Her translations from Russian include a number of poems by Nina Iskrenko and Vladimir Gandelsman. A doctoral student in Slavic Languages and Literatures at Northwestern University, she is currently completing her dissertation, which focuses on the representations of sexuality in Soviet underground literature of the 1970s and early 1980s. **CHRISTOPHER MATTISON'S** translations include Dmitri Prigov's *50 Drops of Blood in an Absorbent Medium* (Ugly Duckling Presse, 2004) and the forthcoming *Eccentric Circles: Selected Prose of Venedikt Erofeev* (Twisted Spoon Press). Mattison graduated with a M.F.A. in Literary Translation from the University of Iowa and is currently managing editor of Zephyr Press and senior translation editor for the annual *Zoland Poetry*. **PHILIP METRES** was born in San Diego, California, in 1970. He is the author of *To See the Earth* (Cleveland State, 2008), *Behind the Lines: War Resistance Poetry on the American Homefront since 1941* (University of Iowa, 2007), *Instants* (Ugly Duckling Presse, 2006), *Catalogue of Comedic Novelties: Selected Poems of Lev Rubinstein* (Ugly Duckling Presse, 2004), *Primer for Non-Native Speakers* (Kent State, 2004), and *A Kindred Orphanhood: Selected Poems of Sergey Gandlevsky* (Zephyr, 2003). A recipient of an NEA for translation, he is an associate professor of literature at John Carroll University in University Heights, Ohio. **PHILIP NIKOLAYEV**, born in Moscow in 1966 and educated at Harvard and elsewhere, lives in Cambridge, Massachusetts. His most recent poetry collections are *Letters from Aldenderry*

(Salt, 2006) and *Monkey Time* (Verse Press, 2003, winner of the 2001 Verse Prize). He co-edits *FULCRUM: an annual of poetry and aesthetics*. **F. D. REEVE**, born in Philadelphia, Pennsylvania, in 1928, has published more than two dozen books of poetry, fiction, literary criticism, and translation, of which the most recent are two books of poems: *The Blue Cat Walks the Earth* (Azul Editions, 2007), with a CD by the poet and the Davis-Deleault jazz duo, and *The Toy Soldier* (Bayeux Arts, 2007). For his work he has received an honorary doctorate, the Golden Rose, and an award in literature from the American Academy of Arts and Letters. He lives in Vermont. **MARGO SHOHL ROSEN** was born in Anchorage, Alaska in 1962. With F. D. Reeve, she translated the bilingual collection *Lions and Acrobats: Selected Poetry of Anatoly Naiman* (Zephyr, 2005). Her original work includes poetry, prose and scholarship. She is currently a doctoral candidate at Columbia University's Department of Slavic Languages. **STEPHANIE SANDLER** has written on Pushkin, including *Commemorating Pushkin: Russia's Myth of a National Poet* (Stanford University Press, 2004), and about issues of gender, sexuality, and identity in Russian culture. Her current work focuses on contemporary Russian poetry. She chairs the Slavic Department at Harvard University. **MARGARITA SHALINA** was born in 1973 in St. Petersburg, Russia. Her poetry has appeared in *Open Wide*, *EvergreenReview.com*, *New York Nights*, and *Poetry Motel*. She lives in New York, where she is the small press buyer for St. Mark's Bookshop. **LARISSA SHMAILO** translated the opera *Victory over the Sun* by A. Kruchenych; a DVD of the English-language production is in the collection of the Museum of Modern Art in New York City. She has recorded a CD of her own poetry, *The No-Net World*, and her poems have also been published in *About: Poetry*, *Big Bridge*, *Rattapallax* and many other journals. **MAIA TEKSES** was born in 1962. She has published a few of her translations in small magazines and in the anthologies *In the Grip of Strange Thoughts* (Zephyr, 1999) and *Say This of Horses* (University of Iowa, 2007). She has always lived in and around Philadelphia. **DANIEL WEISSBORT** was born in London in 1935. He edited *Modern Poetry in Translation* from 1965 until 2003. He is Emeritus Professor, University of Iowa, where he directed the MFA Program in Translation. Currently, he is Honorary Professor in the Centre for Translation and Comparative Cultural Studies at the University of Warwick. His most recent poetry collection is *Letters to Ted* (Anvil, 2005); his most recent translation is of *Inna Lisnianskaya, Far from Sodom* (Arc, 2005). **MATVEI YANKELEVICH** was born in 1973 in Moscow, USSR. His books of translation include *Today I Wrote Nothing, The Selected Writings of Daniil Kharms* (Overlook, 2007) and *OBERIU: An Anthology of Russian Absurdism* (Northwestern University Press, 2006). He is also the author of a long poem, *The Present Work* (Palm Press, 2006). He is an editor at Ugly Duckling Presse and teaches Russian literature at Hunter College. He lives in Brooklyn.

SELECTED DALKEY ARCHIVE PAPERBACKS

LADISLAV MATEJKA AND KRYSTYNA POMORSKA, EDS.,
Readings in Russian Poetics: Formalist and
Structuralist Views.
HARRY MATHEWS,
The Case of the Persevering Maltese: Collected Essays.
Cigarettes.
The Conversions.
The Human Country: New and Collected Stories.
The Journalist.
My Life in CIA.
Singular Pleasures.
The Sinking of the Odradek Stadium.
Tlooth.
20 Lines a Day.
ROBERT L. MCLAUGHLIN, ED.,
Innovations: An Anthology of Modern &
Contemporary Fiction.
HERMAN MELVILLE, The Confidence-Man.
STEVEN MILLHAUSER, The Barnum Museum.
In the Penny Arcade.
RALPH J. MILLS, JR., Essays on Poetry.
OLIVE MOORE, Spleen.
NICHOLAS MOSLEY, Accident.
Assassins.
Catastrophe Practice.
Children of Darkness and Light.
Experience and Religion.
The Hesperides Tree.
Hopeful Monsters.
Imago Bird.
Impossible Object.
Inventing God.
Judith.
Look at the Dark.
Natalie Natalia.
Serpent.
Time at War.
The Uses of Slime Mould: Essays of Four Decades.
WARREN F. MOTTE, JR.,
Fables of the Novel: French Fiction since 1990.
Oulipo: A Primer of Potential Literature.
YVES NAVARRE, Our Share of Time.
Sweet Tooth.
DOROTHY NELSON, In Night's City.
Tar and Feathers.
WILFRIDO D. NOLLEDO, But for the Lovers.
FLANN O'BRIEN, At Swim-Two-Birds.
At War.
The Best of Myles.
The Dalkey Archive.
Further Cuttings.
The Hard Life.
The Poor Mouth.
The Third Policeman.
CLAUDE OLLIER, The Mise-en-Scène.
PATRIK OUŘEDNÍK, Europeana.
FERNANDO DEL PASO, Palinuro of Mexico.
ROBERT PINGET, The Inquisitory.
Mahu or The Material.
Trio.
RAYMOND QUENEAU, The Last Days.
Odile.
Pierrot Mon Ami.
Saint Glinglin.
ANN QUIN, Berg.
Passages.
Three.
Tripticks.
ISHMAEL REED, The Free-Lance Pallbearers.
The Last Days of Louisiana Red.
Reckless Eyeballing.
The Terrible Threes.
The Terrible Twos.
Yellow Back Radio Broke-Down.
JEAN RICARDOU, Place Names.
JULIÁN RÍOS, Larva: A Midsummer Night's Babel.
Poundemonium.
AUGUSTO ROA BASTOS, I the Supreme.
JACQUES ROUBAUD, The Great Fire of London.
Hortense in Exile.
Hortense Is Abducted.
The Plurality of Worlds of Lewis.
The Princess Hoppy.

The Form of a City Changes Faster, Alas,
Than the Human Heart.
Some Thing Black.
LEON S. ROUDIEZ, French Fiction Revisited.
VEDRANA RUDAN, Night.
LYDIE SALVAYRE, The Company of Ghosts.
Everyday Life.
The Lecture.
The Power of Flies.
LUIS RAFAEL SÁNCHEZ, Macho Camacho's Beat.
SEVERO SARDUY, Cobra & Maitreya.
NATHALIE SARRAUTE, Do You Hear Them?
Martereau.
The Planetarium.
ARNO SCHMIDT, Collected Stories.
Nobodaddy's Children.
CHRISTINE SCHUTT, Nightwork.
GAIL SCOTT, My Paris.
JUNE AKERS SEESE,
Is This What Other Women Feel Too?
What Waiting Really Means.
AURELIE SHEEHAN, Jack Kerouac Is Pregnant.
VIKTOR SHKLOVSKY, Knight's Move.
A Sentimental Journey: Memoirs 1917-1922.
Energy of Delusion: A Book on Plot.
Theory of Prose.
Third Factory.
Zoo, or Letters Not about Love.
JOSEF ŠKVORECKÝ,
The Engineer of Human Souls.
CLAUDE SIMON, The Invitation.
GILBERT SORRENTINO, Aberration of Starlight.
Blue Pastoral.
Crystal Vision.
Imaginative Qualities of Actual Things.
Mulligan Stew.
Peck of Lies.
Red the Fiend.
The Sky Changes.
Something Said.
Splendide-Hôtel.
Steelwork.
Under the Shadow.
W. M. SPACKMAN, The Complete Fiction.
GERTRUDE STEIN, Lucy Church Amiably.
The Making of Americans.
A Novel of Thank You.
PIOTR SZEWC, Annihilation.
STEFAN THEMERSON, Hobson's Island.
The Mystery of the Sardine.
Tom Harris.
JEAN-PHILIPPE TOUSSAINT, Television.
DUMITRU TSEPENEAG, Vain Art of the Fugue.
ESTHER TUSQUETS, Stranded.
DUBRAVKA UGRESIC, Lend Me Your Character.
Thank You for Not Reading.
MATI UNT, Things in the Night.
ELOY URROZ, The Obstacles.
LUISA VALENZUELA, He Who Searches.
PAUL VERHAEGHEN, Omega Minor.
MARJA-LISA VARTIO, The Parson's Widow.
BORIS VIAN, Heartsnatcher.
AUSTRYN WAINHOUSE, Hedyphagetica.
PAUL WEST, Words for a Deaf Daughter & Gala.
CURTIS WHITE, America's Magic Mountain.
The Idea of Home.
Memories of My Father Watching TV.
Monstrous Possibility: An Invitation to
Literary Politics.
Requiem.
DIANE WILLIAMS, Excitability: Selected Stories.
Romancer Erector.
DOUGLAS WOOLF, Wall to Wall.
Ya! & John-Juan.
PHILIP WYLIE, Generation of Vipers.
MARGUERITE YOUNG, Angel in the Forest.
Miss MacIntosh, My Darling.
REYOUNG, Unbabbling.
ZORAN ŽIVKOVIĆ, Hidden Camera.
LOUIS ZUKOFSKY, Collected Fiction.
SCOTT ZWIREN, God Head.

FOR A FULL LIST OF PUBLICATIONS, VISIT:
www.dalkeyarchive.com